如何成为魔方高手：
从入门到盲拧

王富博 著

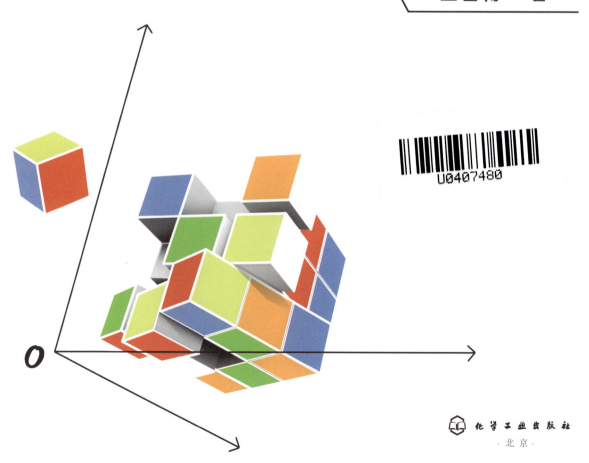

化学工业出版社

·北京·

图书在版编目（CIP）数据

如何成为魔方高手：从入门到盲拧/王富博著. — 北京：
化学工业出版社，2019.9（2025.3重印）
　　ISBN 978-7-122-34824-1

　　Ⅰ.①如… Ⅱ.①王… Ⅲ.①智力游戏 Ⅳ.
①G898.2

中国版本图书馆CIP数据核字（2019）第140399号

责任编辑：宋　薇　　　　装帧设计：张　辉
责任校对：王素芹　　　　封面设计：树芳文化

出版发行：化学工业出版社（北京市东城区青年湖南街13号　邮政编码100011）
印　　装：北京宝隆世纪印刷有限公司
880mm×1230mm　1/24　印张6½　字数144千字　2025年3月北京第1版第13次印刷

购书咨询：010-64518888　　　　　售后服务：010-64518899
网　　址：http://www.cip.com.cn
凡购买本书，如有缺损质量问题，本社销售中心负责调换。

定　价：39.80元　　　　　　　　　　　　　　　　　　版权所有　违者必究

前言

　　魔方自20世纪70年代被发明出来，很快就成为全世界最流行的智力玩具，热度一直持续至今，据说全世界三分之一的人都曾经或多或少接触过魔方。而进入21世纪以来，魔方由于包含着丰富的数学原理与几何知识，它的教育属性逐渐被开发出来，成为许多学校、培训机构用于脑力开发的首选教育工具。

　　魔方有许多不同的种类，也有许多不同的玩法，其中最难的就是"盲拧魔方"了，也就是将魔方的状态全部记住之后蒙上眼睛将其复原。据统计，平均每一万个玩过魔方的人当中只有不到1000人能够将其六面复原，而这1000人当中只有4个人能够完成"盲拧魔方"的挑战。因此，盲拧魔方一直被视为魔方技术的极限，智力挑战的圣杯。

　　这项特殊的魔方技能包含了魔方基础复原、记忆方法、大量的公式和手法，还需要缜密的思维和稳定的心态。截止2018年底，我国累计魔方销量已经达到了四亿多个，但是掌握魔方盲拧技术的只有几百人，而全世界也不过几千人而已，可以说是凤毛麟角。这不仅仅是因为盲拧魔方的技术难度大、成功率低，还有一个重要原因就是学习门槛太高，绝大部分魔方玩家都是在学习的过程中就放弃了，甚至是网上搜索了一下"魔方盲拧"教程，看到满篇的专业术语就失去了学习下去的勇气。

　　魔方已经诞生40多年了，关于它的复原技术也在不断进步，但这些技术进步主要集中在尖端领域，也就是"更高级的技巧让高手变得更强"。而如何让刚刚接触魔方的新手更快地理解并掌握高级魔方技巧，这方面的研究显然是不足的，尤其从盲拧魔方这件事上更能体现。从2007年至今短短十几年间，盲拧三阶魔方的世界纪录就从一分钟缩短到了十几秒，但是掌握盲拧魔方技术的人数一直没有太大变化。一方面是难度高，另一方面也是缺乏面向初级爱好者的相关资料和学习教程。

  我从2007年底开始研究盲拧魔方技术，是我国最早的一批魔方职业玩家和魔方教育工作者。随着我的魔方技术水平不断提高，接触到越来越多的高级方法和新的魔方技术研究成果，我发现其中很多技巧不光可以用来使高手们更强，还可以用来降低学习难度，使新手更容易提高水平。通过多年潜心研究，我自创了"体验式魔方教育方法"，以便让更多魔方爱好者提高水平，尤其是让盲拧魔方能被更多人掌握，这也是我决定编写一本专门针对魔方初学者的盲拧魔方教材的初衷。本书的编写宗旨：让普通水平的魔方爱好者甚至还没有入门但对魔方感兴趣的人，充分理解盲拧魔方的原理，并且更容易、更快速地掌握此项技术。毕竟，有了入门才谈得上提高。另外，《如何成为魔方高手：从入门到盲拧》也可以让魔方教育从业者系统学习到我创新性的教学方法，从而提高盲拧培训方面的教育质量。

本书的编写结构适合不同水平、不同应用需求的魔方爱好者。如果你对魔方一无所知或者仅仅知道魔方是什么样子，那么第一章会对魔方进行简单的介绍，让你对这个智力难题有一定了解。正常的睁眼复原魔方和盲拧魔方使用完全不同的两种方法，通常来说学习盲拧魔方之前还是建议读者已经掌握正常的三阶魔方复原技巧，如果你已经能够完成，那么第2章就可以跳过了。从第3章开始，先是对盲拧魔方进行整体的介绍，包括用"停车场"的比喻方式来讲解盲拧魔方能够实现的基本原理。还有在开始学习盲拧魔方之前需要做哪些准备工作，包括教学用品和魔方知识方面的准备。第10章开始正式讲解盲拧魔方的几个步骤，每个教学章节后面都会附上一个"简易操作守则"，当中汇总了掌握这个方法所需要学习的最少内容，便于复习和练习过程中参考。当然，如果只看本书的这部分内容是可以更快速学会魔方盲拧的。第11章～第14章会指导你如何进行盲拧魔方的实战，以及如何通过练习来提高成绩。本书对于从事魔方教育工作和有魔方教学需求的人来说是一本专业指导用书，建议魔方教育从业者们将全书通读一遍，然后再根据操作方法逐步完成魔方的盲拧并根据学生情况制订盲拧教案。

王富博

2019年7月

目录

001　认识魔方

011　三阶魔方入门教程

059　盲拧魔方是什么?

063　学习盲拧魔方的基本要求与准备工作

067　盲拧魔方的实现原理

073　盲拧魔方的流程与预备知识

081　盲拧魔方第一步——棱块翻色

091　盲拧魔方第二步——棱块归位

101　盲拧魔方第三步——角块复原

111　盲拧魔方第四步——特殊情况

115　盲拧魔方实例分析

121　盲拧魔方的记忆方法

127　盲拧魔方的练习与提高

131　盲拧魔方高级方法简介

135　ICA魔方段位认证标准与考核制度

141　盲拧魔方相关纪录

148　后记

第01章 认识魔方

魔方的诞生

图1.1 鲁比克教授（右一）

魔方（原名Rubik's Cube）诞生于1974年，是由匈牙利布达佩斯建筑学院一名教授发明，他的名字叫厄尔诺·鲁比克。

鲁比克教授在教学过程中，为了帮助他的学生更好地理解"空间转换"这个概念，制作了这样一个由很多木制小方块组成的教具，现在被我们称作"始祖魔方"。

教授在顺利完成课程之后，突发奇想，将这个教具的每个面都涂上了不同的颜色，并且转动几下之后发现：将它再还原到颜色整齐的初始状态，居然是一件非常困难的事！真正意义上的魔方从此诞生。

后来，鲁比克教授与玩具公司合作，魔方被定义为智力玩具，并于1977年正式量产问世，当年就卖出了200万个。在20世纪80年代魔方风靡全球，仅仅用了10年时间就向全世界售出了4亿多个。有一种流行的说法是，目前为止全世界70%的人都曾经接触过魔方。

图1.2 始祖魔方

图1.3 鲁比克魔方

图1.4 一起玩魔方的孩子们

魔方的结构

大家可能见到过很多不同形态、种类、颜色的魔方,我们通常所说的魔方是指"三阶魔方",就是这种3x3x3立方体结构的魔方,其他魔方都是由它拓展出来的。

从外观上看,三阶魔方一共由6个面组成,初始(还原)状态下每个面一种颜色,通常是白、黄、红、橙、蓝、绿这6种颜色。每个面都是由9个色块组成的"九宫格"。

图1.5 一个标准的三阶魔方

第01章 认识魔方

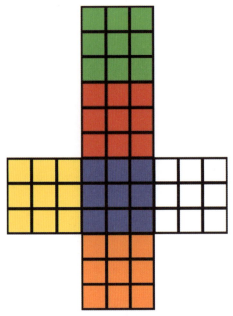

图1.6 魔方的配色规律

从立体结构上看,魔方内部通常包含一个隐藏的"三维十字轴"或叫做"十字轴"。这个轴上连接着6个色块,每个色块颜色都不一样,这6个色块对应着魔方每个面正中间的那个块,叫做"中心块"。

图1.7 十字轴连接中心块

每两个相邻的中心块之间"嵌入"一个方块,这个方块包含两个颜色,分别对应两个中心的颜色,它叫做"棱块"或"边块"。一个三阶魔方包含12个棱块,对应正方体的12条边。还有一种方块是被放置在立方体"角"位置的块,上面有三个颜色,这样的方块在魔方中一共有8个,它们被称作"角块",对应立方体的8个顶点。

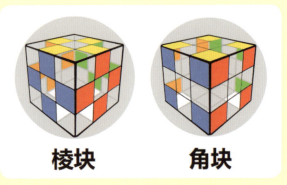

图1.8 魔方的棱块与角块

通过魔方的结构我们可以发现一些规律：6个中心块是固定在中心轴上的，也就是无论魔方如何转动，他们的"相对位置"都不会改变，因此魔方打乱后每个面应该拼成什么颜色，可以用中心块的颜色作为参考；每个棱块包含两个颜色，这两个颜色永远在一起，因此还原魔方的时候要将棱块作为一个整体来看待，角块同理。

我们习惯说转动魔方的某个"面"，但实际上转动的是一"层"，因为魔方是三维立体结构而不是二维平面结构；在魔方的转动过程中，角块、棱块不会发生互换，也就是无论如何转动魔方，角块始终是角块，棱块也始终是棱块，这一点在学习魔方的过程中需要格外注意。

魔方的游戏规则

图1.9　魔方的打乱与还原

许多人都玩过魔方，但是能把魔方"六面还原"的人就非常少了。这个"还原"过程就表达了魔方的常规玩法，或者叫"游戏规则"。

我们买到一个新的三阶魔方，通常每个面的颜色都是整齐的，这就是魔方的"初始状态"或者叫"还原状态"。而随着我们开始动手转动魔方的各个方向，颜色被"打乱"了，魔方就变成了"打乱状态"。通过学习魔方的规律和还原步骤，将魔方通过一些步骤的转动从"打乱状态"恢复到"还原状态"，就叫"还原魔方"，这就是魔方的正确玩法。

第01章　认识魔方

魔方段位认证

当掌握魔方还原技能之后，你就会慢慢发现魔方的世界相当广阔，有许多领域值得去探索。比如有的玩家喜欢研究魔方的结构，设计新型魔方；有的人喜欢收藏世界各地的魔方，建一个魔方博物馆；有的人喜欢挑战各种魔方的极限玩法：单手、脚拧、潜水、跳伞还原魔方。当然，更多的爱好者选择了魔方竞技之路，也就是追求更快速度地把魔方还原。

想要证明自己的魔方水平到底是什么级别，可以通过参加ICA魔方段位考试来认证。在全国各个城市都设有魔方段位考试中心，会定期举办ICA魔方段位认证考试，通过官网报名并现场参加考核后会根据你的魔方水平获得相应的段位证书，作为证明魔方技能水平的认证。

图1.10　ICA魔方段位证书

ICA魔方段位考试一共分为A、B、C、D、E 5个段位,每个段位又细分为4个等级,因此一共有20个关于魔方水平的等级(其中E4段最低,A1段最高)。第一次参加魔方考级必须从E段开始考核,获得E1级之后可以报名D段考试,获得D1级之后才可以报名C段考试,以此类推。E段和D段只有一个考核项目:三阶魔方,要达到C段及以上段位,就需要掌握更多的魔方技能、更快的还原速度。

项目 (单位:秒)			三阶	单手	镜面	二阶	四阶	五阶	塔形	盲拧	球形	斜转
A段	大师	A1	<10	<15	<20	<6	<40	<60	<10	<45	<60	<8
		A2	<12	<20	<30	<9	<60	<90	<12	<90	<90	<10
		A3	<16	<30	<45	<12	<90	<120	<15	<120	<120	<15
		A4	<20	<45	<60	<15	<120	<180	<20	<180	<180	<20
B段	专业	B1	<25	<90	<90	<20	<180	<300	<30			
		B2	<30									
		B3	<35									
		B4	<40									
C段	高手	C1	<45	<180	<180	<40						
		C2	<50									
		C3	<60									
		C4	<70									
D段	进阶	D1	<80									
		D2	<100									
		D3	<120									
		D4	<150									
E段	入门	E1	<180									
		E2	<240									
		E3	<300									
		E4	<600									

图1.11 魔方段位等级表

三阶魔方的还原思路——盖房子

我们已经知道一个三阶魔方包含26个方块，其中有6个中心块是固定在十字轴上的，那么无论是打乱魔方还是还原魔方，实际上是转动另外20个方块，使其位置和方向发生变化。还原魔方的过程也是将这20个方块分组、分步骤地逐个归位。

前面介绍过魔方转动的时候是以"层"为单位来实现的，因此还原魔方的过程也是"一层一层"来完成的。如果做个比喻的话，还原魔方的过程十分像是在"盖房子"。三阶魔方一共三层，所以还原魔方可以看作我们要盖一个三层楼的房子。图1.12是还原魔方的7个步骤，我们看一看是怎样盖成这个"房子"的。

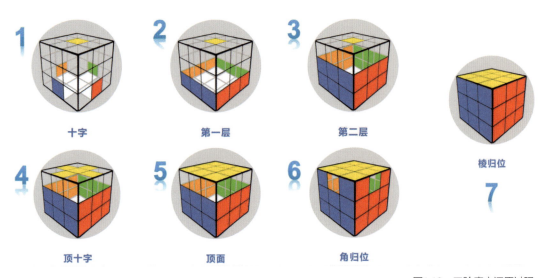

图1.12　三阶魔方还原过程

我们结合还原魔方的步骤来分析一下：

第一步，首先我们拼好底层的4个棱块，组成了一个"三维十字"的图形，注意不仅仅是魔方的底面形成一个白色的十字图案，4个棱块侧面的颜色也都和各自中心块的颜色对齐了。这一步可以看做给房子"打地基"。

第二步，在"地基"完成的基础上将底层4个角块还原，最终形成"第一层"全部还原的情况，注意不仅仅是拼好了"一面"而是"一层"都还原了。这一步相当于盖好了房子的第一层。

第三步，盖完第一层当然就要盖第二层了，第二层包含了4个中心块，我们不需要理会它们，只需要将另外4个棱块拼好，第二层就还原了。

第四步和第五步，这个"房子"总共就有三层，和现实生活中我们见到盖房子的逻辑是一样的，我们需要先将最后一层，也就是第三层"封顶"，从图中我们看到顶面的黄色部分全都完成了。

第六步和第七步，只剩最后一层侧面的一圈需要还原了，相当于给这座房子的最后一层搭建"立柱"并且安装"门窗"。这时我们的房子就盖完了，你的魔方也就成功还原了！

第02章 三阶魔方入门教程

本章关于"三阶魔方入门"教学部分内容由周冠辰撰写,更多关于魔方知识和解法的介绍可以在他的《魔方》一书中学习到。周冠辰,魔方天使学院师资培训讲师、ICA魔方段位考试认证官、中国高校魔方联盟创始人、水下魔方连拧世界纪录保持者。

视频:魔方基础知识

魔方的标准握姿

在初学者转动魔方时经常会有"力不从心"的状况出现,比如明明知道这一层要如何转动,但在转动过程中用力方式不对,碰到了其他面。当想用右手让右面顺时针转动,也就是右层中,面向自己的这三个色块向上转动的时候,如果左手不将左边两层同时夹住,那么在右层向上时也可能会带动中层向上。这种情况是很难处理的,因为有时转动的力度很大,动作过快,导致不知道具体影响到了哪一层,这样将很难把误触的色块回归原位。出现上述难以解决的问题的原因往往是:我们拿魔方、转魔方的姿势不够规范合理。

按照正确握姿拿住和转动三阶魔方,可以确保正在执行指令时不出现错误,不去转动其他不相关的面。掌握这个握姿也很容易,就像拿着一个很大的手机双手打字,左右手两个大拇指在前,尽量把大拇指放在井字形交叉点中的下面两个点上。两只手的食指、中指和无名指在后,并且三根手指分布在后方三层两侧的三个色块上,如图2.1所示。

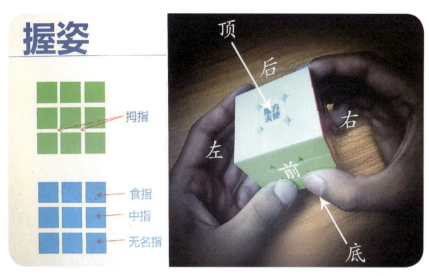

图2.1 魔方标准握姿

魔方的方位描述

同时，为了保持对魔方观察得清晰和对情况判断得准确，我们必须时刻保证对魔方方位有清晰的认知。由于三阶魔方是一个立方体（正方体），有6个面，每个面所在的一层都可以自由转动，因此我们对它基本方位的描述包括简单的对6个方向的描述：顶（上）、底（下）、左、右、前和后。具体定义如图2.1所示。

生活常识很容易让我们理解上、下、左和右，在这里可能会忽视的是前和后。在魔方的基本描述中，我们规定：在标准握姿持握魔方时，面对自己的一面为"前"面；背对自己的一面为"后"面。

魔方的动作指令

无论通过何种方式，三阶魔方的还原都必然是通过转动魔方的各个层完成的，也就是"一步一步"转好的。所以我们若要学会魔方的还原，就必须建立一套明确统一的动作指令，用不同的词汇指令描述每一种不同的转动。魔方的动作指令有多种不同的表示方式，常见的是通过汉字或英文字母表示，不同表示方式各有优劣，或者说适合不同学习和水平阶段的人群。在学习魔方的最初阶段，使用汉字的动作指令往往更容易理解和掌握。

转动指令（以下简称"指令"）分为左手转动指令、右手转动指令和转体指令。除右手有两个特殊的指令外，左手指令和右手指令做起来动作是相同的，因为左右手是对称的，所以指令做出来也是对称的。图2.2展现的是三个左手指令和三个右手指令，其中蓝色箭头代表左手，红色箭头代表右手。

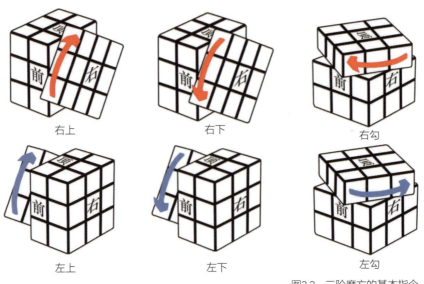

图2.2　三阶魔方的基本指令

下面具体介绍每一个基本指令。

右手指令"右上"（公式中可简称"上"）的意思就是：左手不动，控制住魔方，右手转动右边的一层90°，也就是所谓的一下。让右侧3个面向自己的棱块和角块转向顶部。

图2.3　右手指令"上"

右手指令"右下"（公式中可简称"下"）依旧是右手转动魔方，3个面向自己的棱块和角块转向底部。

图2.4　右手指令"下"

右手指令中的"右勾"（公式中可简称"勾"）就是让原本没有弯曲的右手像钩子一样往手心方向"勾"一下，让顶面顺时针旋转90°。

图2.5　右手指令"勾"

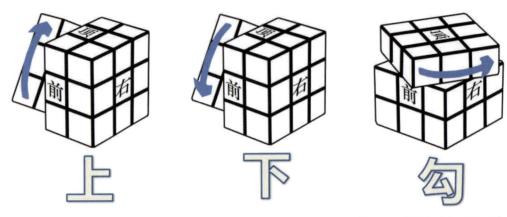

图2.6 左手指令"上、下、勾"

左手指令就是右手指令的镜像。即使用左手做右手相同的动作,在魔方上达到与右手做这个动作对称的效果。例如左手指令的"左上"(公式中可简称"上")和"左下"(公式中可简称"下")分别是用左手让每一个左侧3个面向自己的棱块和角块转向顶部和底部。而左手指令中的"左勾"(公式中可简称"勾")就是用左手将顶面一层的块逆时针旋转90°。

除了左右手都有的"上""下"和"勾"三个指令，右手还有两个单独的指令，就是"压"和"托"。这两个动作用来转动前层（即前面所在的一层）。其中，"压"是用右手食指压前面这一层右上角的角块一下，让前面的一层顺时针转动90°。

"托"是用右手大拇指将前面这一层右下角的角块向上托，让前面的一层逆时针旋转90°。

图2.7 动作指令"压"　　图2.8 动作指令"托"

这两个指令也有对应的手法，左手握持魔方的姿势不变，区别在于右手。具体手法如图2.9。

图2.9 "压"和"托"的手法

第02章 三阶魔方入门教程　017

接下来介绍魔方的"转体指令"。魔方的转体有很多方式,在三阶入门还原中我们基本只会用到向左、向右的转体,也就是说,这样的转体都是保持顶面永远朝上的。因此,我们只规定保持顶面和底面位置不动,只变换侧面方向的指令:左翻转(简称左翻)、右翻转(简称右翻)。

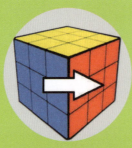

"左翻"是指魔方顶-底中心块连接线为轴,魔方前面自左向右(与地球的自转方向相同)翻面,最终将魔方原来的左面转向面对自己。此动作一步一动,一次"左翻"指令代表翻转动作做一次。

图2.10 "左翻"指令

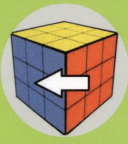

"右翻"是指魔方顶-底中心块连接线为轴,魔方前面自右向左(与地球的自转方向相反)翻面,最终将魔方原来的右面转向面对自己。此动作一步一动,一次"右翻"指令代表翻转动作做一次。

图2.11 "右翻"指令

在后续的魔方还原入门教学中,我们所应用到的魔方公式都是由一个一个的动作指令组成的,因此这一部分的指令和相关描述需熟记。

第一步　还原底层十字

前面的还原思路介绍中讲到，正式还原三阶魔方前我们需要先确定一个固定的坐标。在本章的魔方还原教学中，我们统一使用白色中心块为底，这样顶面中心块将确定为黄色。在此基础上，我们就可以开始还原魔方的第一步了。第一步分为两个小步骤，分别是"顶面小花"和"花瓣落地"。

视频：还原底层十字

下面说说具体的操作流程。将白色中心朝向下方，这样黄色中心自然就朝向上方。从侧面观察三阶魔方，魔方分为三层。以白色和黄色为轴，自左向右地（类似旋转地球仪）整体转动魔方，寻找带有白色的棱块。

以"白色中心为底，黄色中心为顶"为例子。第一步的顶面小花就是把所有带有白色的棱块放到顶层的黄色中心周围，好像一朵黄色花芯白色花瓣的小花。这一步中，我们将黄色的中心块形容成花芯，带白色的棱块形容成花瓣。这一步的意义并不是还原这4个带有白色的棱块，而是将白色棱块都放在顶层明显的位置，以便下一步让带有白色的棱块归位。可以说，"小花"是最终拼好"底十字"的预备步骤，魔方还原中真正意义上的第一步是底十字。

图2.12　底层十字完成图

图2.13　顶面小花完成图

在真正开始这一步的还原工作时，魔方的状态是一片混乱的。这一步的任务很明确，就是找到所有的四个花瓣，并且全都白色朝上地放置在顶层。如果我们想要快速地找到这一步所需的块（带白色的棱块），并且有把握用最科学、简洁的步骤将小花拼好，就需要使用正确的观察方式和搜寻规则。

在搜寻"花瓣"的过程中，要遵循先易后难的原则。我们每对魔方执行一个步骤，魔方的情况状态就会变化成另一个样子，拼小花这个步骤的本质是一个同时寻找并完成多个目标（4个花瓣）的任务。对于这四个小任务，它们在魔方中呈现的复杂程度是不同的，有些好拼，有些不好拼，而复杂度一般是由它们的位置决定。因为三阶魔方一共只有三层，所以说，花瓣在这一步所有可能出现的位置都可以被归类到：

在第一层；

在第二层；

在第三层。

因此，我们必须识别、分析出不同位置的花瓣在拼小花过程中的难度，并在实际的还原中遵循总是优先搜寻和处理"更容易"花瓣的原则，这就是拼小花过程中的搜索处理优先级。下面就按照"从易到难"的原则顺序讲解。

① **优先拼好出现在第二层的花瓣**

在花瓣会出现的第一层、第二层、第三层中，出现在第二层的花瓣是拼起来最简单的。如图2.14所示，当我们发现了第二层的这个花瓣后，只要将花瓣的白色面对自己，就会发现这个花瓣是在第二层的右手一边。这时候我们想让这一块到达顶层，只需要用右手指令中的"右上"，这样原本在第二层正对自己的棱块就转到了上面一层并且朝向上方。举一反三，假如这个第二层的花瓣出现在左手，我们也就可以通过左手做"左上"指令将这个花瓣拼好。

图2.14　第二层的花瓣

但是，在执行指令之前，还必须进行一个重要的判断，就是判断这个花瓣的正上方是否已经有一个拼好的花瓣。如图2.15所示，图中第二层面向自己的位置已经找到了一个花瓣，并且这个花瓣看似已经符合了执行右手指令"右上"的要求，但是它的正上方还存在着一个拼好的花瓣。我们如果直接执行指令，已经找好的花瓣就会被新找的花瓣替走，这样拼上一个花瓣，也同时"摘掉"了一个花瓣，就没有任何意义了。所以这时候需要通过做左手指令"左勾"，将这个拼好的花瓣移到边上去。当第二层花瓣的正上方已经不存在拼好花瓣之后，我们再进行右手"右上"的指令，这样既可以顺利地把第二层的这个花瓣拼到顶层，又不会破坏掉任何一个已经拼好的花瓣。

图2.15　需要调整的第二层花瓣

② 当花瓣出现在第一层或第三层时

　　当我们在魔方第二层找不到任何花瓣的时候，就需要在魔方的第一层和第三层寻找了。如图2.16所示，当我们在第一层或第三层找到一个花瓣，会发现这个位置的花瓣并不像第二层花瓣那么简单，它们不能通过简单的一步就拼好。在处理第一层和第三层花瓣的时候，我们的基本思路就是：通过特定的转动将这些花瓣转移到第二层，然后就能依据前面的第二层花瓣拼法将这个花瓣轻松地拼好了。

图2.16　第一层和第三层的花瓣

　　当我们找到一个第一层或第三层的花瓣时，首先依然是要将这个花瓣棱块的白色面朝自己摆放，这时候我们就做好了把这个花瓣转移到第二层的准备工作了，后面将通过一个步骤将花瓣转换到第二层。但是上一部分讲到，当一个花瓣正上方的顶层位置存在着一个已拼好的花瓣时，我们不能轻举妄动，所以依然要通过"勾"的动作将花瓣正上方清空"。

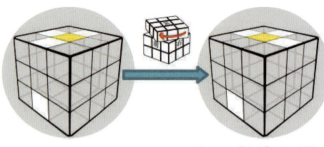

图2.17　"清空"顶层花瓣

然后我们做至关重要的一步——"压"（右手），这一步能让第三层的白色转移到第二层的右手边，并且白色依然面向自己；或是做"托"让第一层的白色转移到第二层的右手边并且白色依然面向自己。

这个花瓣变为第二层的花瓣，故使用上一部分第二层花瓣拼法的技巧，依据实际情况将花瓣最终拼好。这时白色块就成功地被调整到了第二层，但是依旧

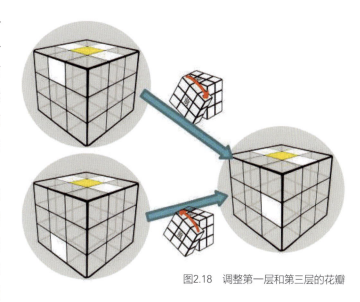

图2.18　调整第一层和第三层的花瓣

不能直接用指令，而是回到图2.15这里，先判断顶层有没有还原好的小花瓣，然后判断是执行指令"勾"还是执行指令"上"。

③ 漏网之鱼——第一层花瓣的隐藏姿态

不过有时候我们会遇到一种奇怪的情况：黄上白下的绕着魔方找了一圈，似乎第一层到第三层都没有发现花瓣，但是小花却还是缺失一个或几个花瓣，这是什么情况？花瓣在哪里呢？

最后一种特殊情况是很难察觉的，因为复原过程中白色居于底面始终是朝向下面的，这样我们就会很容易忽略对第一层底部的观察。所以当我们在魔方三层的侧面都找不到花瓣的时候，稍稍低下头从下往上看魔方的底面，就能发现隐藏在第一层底部的白花瓣了。

图2.19　隐藏的花瓣

虽然不容易发现，但这类情况是非常好处理的，步骤如下。

1 将这个白色扣在下面的花瓣摆放在自己的右手一边，这个动作同样是我们拼好这个花瓣前的准备摆放位置（图2.20）。

图2.20 底层的花瓣

2 与上一部分同理，需要例行检查这个花瓣的正上方是否有占据位置的已拼好花瓣，有则通过"勾"将其移走，将顶部位置清空（图2.21）。

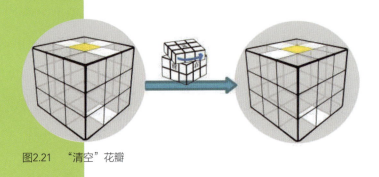

图2.21 "清空"花瓣

3 然后只需要右手执行指令"右上上"（也可写作："右上2"或"右2"），将右层连续转两次，也就是180°，就能把这个花瓣成功拼到顶层花芯旁了（图2.22）。

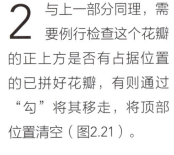

图2.22 拼好底层花瓣

最后，我们用图2.23整体梳理"小花"这一步各类情况的关系和处理流程。

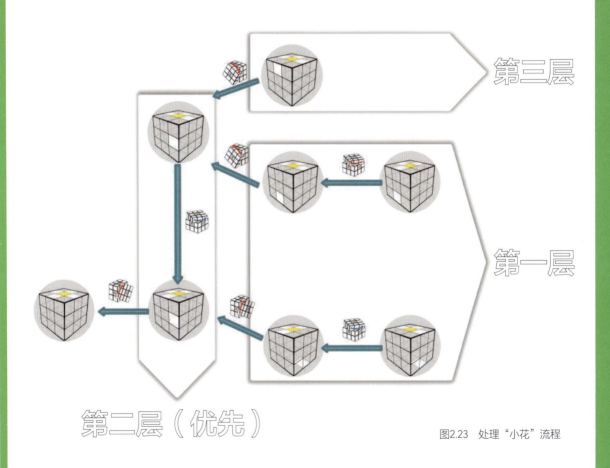

图2.23 处理"小花"流程

上一个步骤已经把所有的花瓣找齐并放在顶面，前面说到做小花的目的是为让这些花瓣（带白色的角块）落到底层复位位置做准备，当顶层的花瓣棱块全部复位到底部相应位置后，底十字即已经完成。这一步操作相对简单，只需要将四个花瓣按固定的流程要求一个一个地转到底面即可，步骤如下。

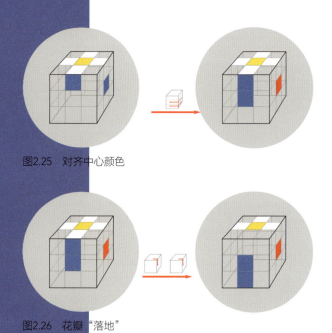

图2.24　花瓣侧面朝向

图2.25　对齐中心颜色

图2.26　花瓣"落地"

1 找到任意花瓣面对自己：以白色、蓝色棱块为例，蓝、白中心应去的位置是蓝色和白色两个中心块之间。首先任意找到一个花瓣并观察花瓣棱块的侧面颜色，让花瓣的蓝色面向自己。

2 花瓣侧面颜色与中心块对齐：我们通过用一只手控制住魔方的顶层，另一只手同时转动下面两层，让蓝色的中心转到前面和花瓣侧面的蓝色对齐，此时两个蓝色都是面朝自己的，对齐完成。

3 "压压"——花瓣落地：之后只需要把这个棱块放到底层即可，执行右手指令"压压"，两次即可将这个蓝白棱块最终复位。

重复这个方法4次将4个棱块每一块都放到底层正确的位置上，底层十字就完成了。

第二步	还原第一层（底层角块）

视频：还原第一层

这一步是三阶底十字的下一步，需要将属于第一层的4个角块复位位置。完成后，三阶魔方第一层的全部基本块将复位，因此这一步也叫还原第一层。第一层一共有4个棱块和4个角块，在上一步中已经复位了其中的4个棱块并组成了一个十字，这一步再将属于底层的4个角块复位就可以完成第一层的还原。

在进行这一步之前，我们首先需要学习一组至关重要的魔方公式，这是一组互为镜像形态的4步公式，分为左手公式和右手公式两套指法。左、右手公式是魔方还原中的最基础的公式，无论是入门还原法还是更高级的方法，这个公式都是应用最广泛的。根据这组公式的具体步骤，我们也一般称这组公式为左、右手的"上勾下回"。

图2.27 第一层完成图

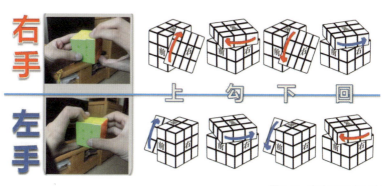

图2.28 左右手公式手法

公式要点：

① 做任何一边的上勾下回时都要注意摆放好预备手形。

② 在整个过程中按在魔方上的手指不能错动到其他位置。我们可以想象自己的手指尖像粘在魔方上一样不能脱离。这一点是为了保证技术的动作一致性。

与复位底层的棱块（底十字）一样，想要复位底层角块，必须先将那些属于底层的角块找到。前面学习的基础知识已经告诉我们，这样的角块共有4个，而且在以白为底色的前提下，这4个角块中每个角块也都必须带有白色，对于这种带白色的角块，以下我们简称"白角"。因此我们这一步的任务就很清晰了。

① 找到白角

三阶魔方共只有8个角块，最多有8个位置可能存在白角。在以白为底色的前提下，我们要优先在三阶魔方的顶层4个角块中寻找白角，并优先处理；顶层白角中，我们也要优先选择处理角块的白色不朝上的白角；当顶层所有位置都没有找到白色不朝上的白角时，我们才应该开始处理顶层白色朝上的白角；当顶层所有位置都没有找到带白色的角块时，如果第一层依然没有完成，我们才应该开始在底层4个角块中寻找并处理带有白色的角块。

② 复位到正确位置——各类白角的复位方式

非白对自己：这类白角的3种颜色中，忽略朝向上方的颜色，侧面有两个颜色：白色和另一个"非白色"。眼睛盯住非白色。对于图2.29的例子，朝向上方的蓝色忽略，两侧的颜色分别是白色和红色，这里的"非白色"就是红色，所以这个块的关注点是红色。我们将以这个角块为例继续讲解。

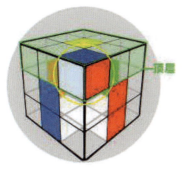
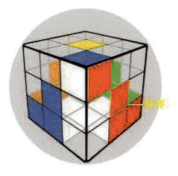

图2.29 找到白色角块　　　　图2.30 对齐中心颜色

与中心块对齐：将白角中的红色面向自己，观察这个红色是否与这一面中心块的颜色一致，如果不一致，就用一只手控制住魔方的顶层，另一只手同时转动下面两层，让红色的中心转到这一个面上来和白角中的红色待在同一个面，对齐这一步就完成了。

判断左右，做一遍对应公式：在白角非白色朝自己并对齐的基础上，我们判断此时这个白角处在自己面前的哪一侧（也可以判断这个白角的白色面朝哪只手的手心）。

> 若在左侧（左手手心），做一遍左手公式
> 若在右侧（右手手心），做一遍右手公式

做完后这个白角即能复位，如图2.31所示。

对于白色角朝上的情况，我们先辨识白角的两个侧面颜色：观察这个角块除朝上的白色外的另外两个朝向侧面的颜色。

图2.31 复原白角

交叉对齐：用一只手控制住魔方的顶层，并同时转动下面两层，直到白角上的蓝色与红色中心在同一个面，同时白角上的红色与蓝色中心在同一个面，这一步的对齐方式仅针对这类白角，我们称之为交叉对齐。同样这一步也是用来做定位的，先把含有"红、蓝、白"三色的白角放到它应去位置的正上方，以便下一步用公式将角块复位到底层。

图2.32 白色朝上的角块

三遍公式：前一步中已经将这个白角整个放在右手一边，所有这一步做右手公式三遍，即可将这个白角复位。

其他情况如何处理呢？如果严格按照我们前面介绍的优先级处理白角，这种情况出现的概率将会比较低。即便是在刚刚拼好十字之后，可能也会有许多在底层的白角，而且并不是处于复位状态。但是在顶层还有白角的情况下，优先解决完顶层的白角，就会发现有一些原本在底层但未复位的白角就被替换到了顶层，这也就是为什么要优先处理顶层的白角。不过有些时候我们还是会遇到这种情况，对于这类（白角在底层且不正确）情况，我们的基本处理思路是：通过一个特定步骤将这类白角转化成我们已经学会的情况。

> 若在左侧，做一遍左手公式
> 若在右侧，做一遍右手公式

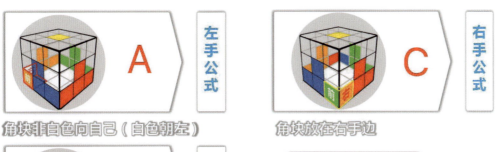

图2.33 处理第一层白角

　　做完后这个白角被转移到顶层,从而变成之前的情况。注意做完这一步,这个白角并没有复位,仅仅是被转变成另一类好处理的情况,我们还需要在顶层再次找到这个白角,按照之前情况的做法将其最终复位。

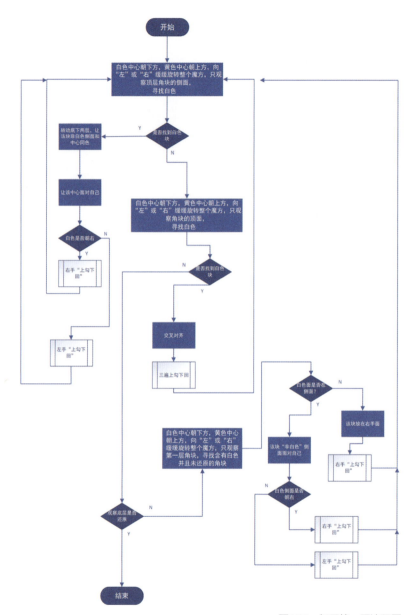

图2.34 复原第一层流程图

第三步　还原第二层（中层棱块）

视频：还原第二层

这一步是三阶第一层还原的下一步，需要将属于第二层的4个棱块复位。完成后，三阶魔方第二层的全部基本块将复位，因此这一步也叫还原第二层。第二层一共有4个棱块和4个中心块。开始部分讲到，使用层先法还原三阶魔方的时候，所有的中心块始终呈复位状态，不需要拼，因此这一步只需将属于第二层的四个棱块复位就可以完成第二层的还原。

在第一层的基本块全部复位的情况下，寻找属于第二层的棱块就会变得更容易。第一层还原时讲到，第一层角块的最明显特点是其中含有白色，以此类推，如果我们希望快速准确地寻找到属于第二层的棱块，首先也需要搞清第二层棱块的特点。

在白底黄顶的基础上，底面的所有基本块都是带有白色的，顶面的所有基本块都是带有黄色的，那么剩下第二层的基本块自然就都是既没有白色，也没有黄色的块。因为在前两步中已经将带有白色的基本块复位到底层，第二层和第三层中所有的基本块中就也不应该出现白色了。由此分析得出，剩下所有没有还原的块应该只分为两类：带有黄色的块和没有黄色的块。显然，在还原第二层这一步中，我们需要寻找的就是没有黄色的棱块，以下简称"无黄棱"。

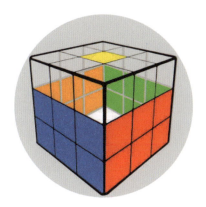

图2.35　第二层完成图

到此，这一步的任务也很明确了。

① 找到无黄棱

三阶魔方共有2个角块，到这一步为止最多会有8个位置可能存在无黄棱。

处理无黄棱的优先级：我们要优先在三阶魔方的顶层4个棱块中（图2.36中的1、2、3、4号棱块）寻找无黄棱（如图2.36中的1号棱块），并优先处理这样位置的无黄棱；当顶层所有位置都没有找到无黄棱时，如果第二层依然没有完成，我们才应该开始在第二层4个棱块中（图2.36中的5、6、7、8号棱块）寻找无黄棱（如图2.36中的5、8号角块）。综上所述，对于图2.36的情况，我们处理无黄棱的优先顺序是：

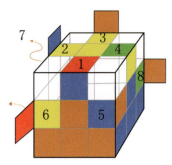

图2.36 寻找无黄棱块

> 所有1号类的无黄棱 ➡ 所有5、8号类的无黄棱

② 复位到正确位置——各类白角的复位方式

1号类无黄棱复位步骤是：无黄棱的"脸"朝自己：当我们在顶层找到一个无黄棱之后，我们需要将无黄棱中的侧面颜色面朝自己（如图2.37中，蓝色朝自己）。在还原第二层的这一步中，我们常将找到的一个无黄棱比作一个"头"，无黄棱的两个颜色中，朝上的颜色称为"头发"（图中为红头发），朝前的称为"脸"（图中为蓝脸）。

图2.37 顶层的无黄棱

"与中心块对齐——头接脖子",组成"证件照":这一步的目的是将无黄棱侧面颜色与侧面相同颜色的中心块对齐。我们把面向自己这一面的中心块想象成"脖子",下面第一层3个块的侧面颜色组成的一条想象成肩膀,它们共同组成了一个身体。一个人脸的颜色应该和身体是一致的,但是图2.37中的脸是蓝色,身体却是橙色的,这是就需要做一个调整。调整方法与复原第一层中的方法一样,用一只手控制住魔方的顶层,另一只手同时转动下面两层。如图2.37中蓝色身体在右侧,只需要将底下的两层,也就是身子顺时针转动到面前即可。如果身体在左侧就逆时针转动底下两层调整身体,如果身体在后方那么无论顺时针还是逆时针旋转两下,也就是180°即可。总之,我们需要让与脸同色的"身体"和脸相接,这步称之为对齐,如图2.38所示。

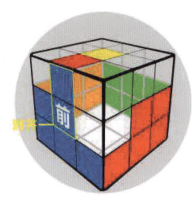

图2.38 侧面颜色对齐

用"头发"看左右,做相应的公式:现在脖子和身体应该都在同一个面上并且面向自己了,然后可以进行下一步。这个无黄棱已经在顶面等待下落复位了,但是与第一层白角不同的是,这个目标棱块落下来有两个选择,可以落在左边也可以落在右边,这时候就需要通过"头发"的颜色来判断这个无黄棱到底应该是去左边还是右边,同时我们也通过这个判断明确了该做什么公式。

我们看头发颜色与左、右哪一侧面的中心块颜色相同，如果头发颜色与右侧中心颜色相同，那么这个棱块的正确位置就在右侧，要做的公式是：

（右勾）→ 右手公式 →（右翻）→ 左手公式

简记：右右右左

图2.39　第二层公式1

如果颜色与左侧中心相同，那么这个无黄棱的正确位置就是左侧。要做的公式是：

（左勾）→ 左手公式 →（左翻）→ 右手公式

简记：左左左右

如果仔细观察这个公式的每一步，就可以发现，做完第三步的转体后，眼前的情况似乎回到了复位第一层白角时的就绪情况，然后第四步的公式等同于第一层白角的还原。

图2.40　第二层公式2

当顶层再也找不到无黄棱，并且第二层还没有完全还原的时候，我们一定能在第二层找到未复位的无黄棱。这种情况的解决思路与第一层的5、8类白角解决思路一样。既然这个无黄棱不在顶层，无法进行判断和公式处理，那么就要先把这个无黄棱通过一个特定步骤将其转化成我们会的1号类情况，然后再用1号类情况的解决方法来还原。

第二层的无黄棱放在面前右侧的情况，如图2.41所示。

图2.41 第二层特殊情况

（右勾）→ 右手公式 →（右翻）→ 左手公式

简记：右右右左

做完后这个无黄棱即能被转移到顶层，从而变成1类情况。依然需要注意的是，做完这一步，这个无黄棱并没有复位，仅仅是被转变成另一类好处理的情况，我们还需要在顶层再次找到这个无黄棱，按照1号类情况的做法将其最终复位。

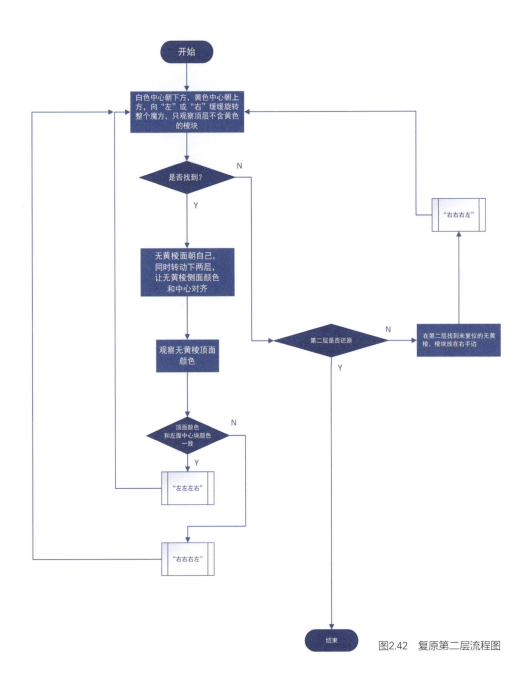

图2.42 复原第二层流程图

完成了前两层基本块的复位后，我们只剩下第三层的4个棱块和4个角块的复位了。虽然所有的目标块都在顶层，相对于前两层的目标块好找了许多，但是随着前两层的还原，由于不能再打乱前两层，第三层还原的限制多了，各种情况也变多了。所以第三层的还原也被相应拆分成了4小步。在进行后4步的第三层还原时，还要格外注意判断以下三点。

1. 明确自己所处的位置。有时候我们会发现，当做完某一步骤后，下一步很幸运地已经完成了，我们把这样的现象叫做跳步。从第三层开始，魔方每个还原步骤上出现跳步的概率都会显著提高，也就是说，第三层的每步都可能被跳过，而且概率很大。在跳过以下某一个步骤的时候要保持淡定，不要激动，此外，如果顶层中心是黄颜色，那么顶层的无论棱块还是角块都会带有黄颜色，步骤与步骤之间会变得比较难以区分，所以每做完一个公式都要重新确定自己所处的位置。

2. 明确每一步的专属公式。在第三层的还原中存在一条规律：每个步骤都只对应唯一的一个公式，我们可以把这个公式称为这一步的专属公式。而且在第三层的每一个步骤之内，我们都经常需要做许多遍这个步骤的专属公式。因此不但要时刻清晰自己处在哪一步，更要做对每一步对应的专属公式，不要混淆使用公式。

3. 明确每种情况在做专属公式时的规定摆放方向。在判断出专属公式之后也不能直接开始做公式，每个情况都有自己的摆放方向，所以切记在判断出某种情况之后不要激动地直接开始做公式，而是必须确认自己摆放到了正确方向。记住：魔方中不存在任何一个不经对齐和摆正方向就能直接做的公式。

第四步	顶面（黄）十字

这一步名字叫顶面十字，但是并不是将顶面的4个棱块直接还原，而是将顶层4个棱块（以下简称：顶棱）的色向调整正确，使其朝上的面与顶面中心块颜色相同。在黄色为顶的前提下，只需要让顶棱的黄色朝向上方，而这4个顶棱侧面的颜色并不需要与下方的4个中心块颜色分别相对。在顶十字未拼好时，顶棱的顶面部分并不全是黄色，也就是色向不全正确。

根据色向正确的顶棱个数，这一步存在三种情况。

视频：顶面十字

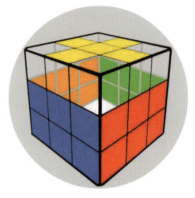

图2.43 顶面十字完成图

横线

九点

点

图2.44 顶十字的情况

① **横线**：两个相对顶棱色向正确。

② **九点**：两个相邻顶棱色向正确。

③ **点**：色向全不正确。

注意：这一步中对各种情况的一切判断，都来自棱块的情况（色向），角块的色向、位置等一切出现情况与本步骤无关，不能作为这一步情况的判断依据。我们可以简单地这样认为：这一步中的角块是纯粹的干扰项，必须忽略它。如图2.45所示，这三种情况中4个角块朝向上方的颜色与顶层中心的颜色都一致，均为黄色，就造成了一定干扰。如第一个情况，有些人会认为出现的情况是"H"形，而非上述的三种情况。这就是无关的角块（角块为干扰项）颜色对判断的影响，这时只需将用手指将4个角块挡住，即可做出正确判断。图2.45中出现的三种情况分别为横线、九点和点。

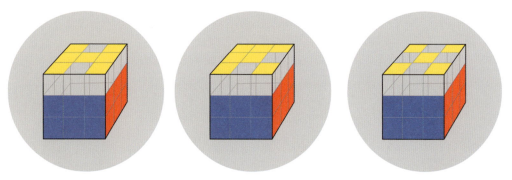

图2.45　顶十字情况的分辨

顶十字这一步必须使用唯一的专属公式拼好，且这三种情况每种情况在做公式前都有专属的摆放方式，需先将魔方按照指定方向摆好，才能用公式进行调整。

顶十字公式：压+右手公式+托

图2.46　顶十字公式

对于上面介绍的三种顶十字未完成的情况，我们都使用同一个公式解决，但三种情况做公式前的摆放规则却不相同。并且，并不是每种情况都能通过做一遍顶十字公式就直接将十字拼好，它们之间存在着这样的转换关系。

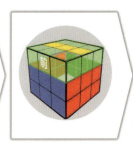

图2.47　各种情况的摆放规则

① **横线**

这类情况的基本特征是：顶层有两个相对位置的棱块色向正确（黄色面朝向上），再加上中心块的黄色，3个黄色在一条线上组成一个"一字"。顾名思义，横线要求我们必须先将这条线横向摆放，直接做一遍顶十字公式，做完一遍后，顶十字这一步完成。

② **九点**

这类情况的基本特征是：顶层有两个相邻位置的棱块色向正确（黄色面朝向上）。九点名称的含义也指示着这类情况的摆放规则：我们必须先将这条线如图2.44所示摆放，假如我们将魔方顶面想象成一个表盘，两个朝上的黄色加上中心块仿佛像是表盘上的两根指针，当我们按照图中规则摆放时，指针指示的时间应为九点整。摆放好位置后，做一遍顶十字公式，就可以将"九点"转换为"横线"。

③ **点**

这类情况的基本特征是：除了顶面中心块的黄色，周围的4个棱块没有一个色向正确（黄色朝向上方）。这种情况下，魔方任意一个侧面朝向自己做公式结果都是一样的，因此，当遇到"点"的情况，我们直接做一遍顶十字公式，就可以将"点"转换为"九点"。

前面的知识告诉我们一个基本规律：在这一步中无论是哪类情况，即使是直接遇到了拼好的十字，黄色朝上棱块的数量都必然是偶数（点0；九点2；横线2；十字4）。但莫名其妙的，有的时候黄色朝上棱块的数量却是奇数，当这些异常情况出现时，你需要检查魔方，可能出现的问题基本只有以下两种。

第一种，底十字或第二层未完成或已经遭到破坏。三阶魔方的内在规律决定，若前两层还有奇数个棱块的色向不正确，顶层也必然有一个棱块的色向永远不能正确。当然，这也并不是说，只要你遇到了正常的顶十字情况就代表魔方的前两层一定全部还原好了，魔方中还有更复杂的情况，有些前两层的错误并不能通过顶十字这步表现出来，但这些错误一定能让魔方在后面的某一步最终无法还原。因此，我们要保持良好的习惯，形成检查前面步骤的意识。

第二种，这个魔方的某个棱块被错误安装着。如果你在一番仔细检查后，确认前两层都是拼好的，你面临的基本就是这类问题了。出现这种可能大多会是，这个魔方曾经散架或被主动拆卸，在安装过程中将一个棱块安反，这样会破坏三阶魔方基本块的内在关系，导致魔方无法还原。此时你必须再将魔方中的任意一个棱块拆下，颠倒方向安装回去，恢复棱块的关系，即可修复。

顶面十字三种情况的实例讲解如下。

① **横线**

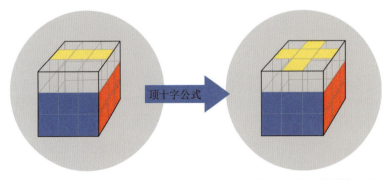

图2.48 处理"横线"情况

在方向摆放正确后，用一次顶十字公式即可还原顶层十字。

② **九点**

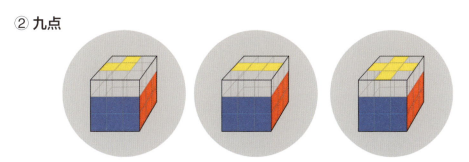

图2.49 处理"九点"情况

在方向摆放正确后,用一次顶十字公式即可把九点变成横线,然后就回到了横线的复原方法,只需再次还原横线即可。

③ **点**

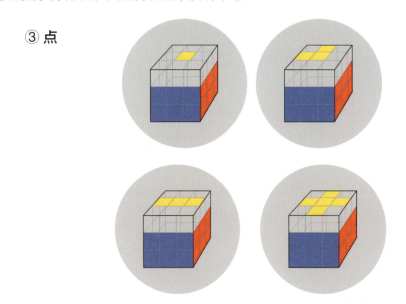

图2.50 处理"点"情况

先用一次顶十字公式把点变成九点,然后重新摆放九点的方向用公式将九点变成横线,最后再用一次顶十字公式将横线还原。

第五步　还原顶面（黄面）

这一步骤是要将所有顶面角块的色向全部调整正确，这一步完成后，整个顶层基本块的色向就全部正确了，魔方即形成一个黄色顶面。当然，这一步并不能将所有块都还原到其正确位置上（翻色向不是复位），但为后两步的还原顶层基本块的位置做了准备。这个步骤涉及多种基本情况，大致分为两类：标准情况"小鱼"和"非小鱼"。

视频：还原顶面

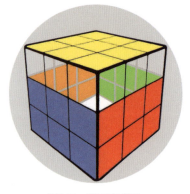

图2.51　顶面完成图

这一步的唯一专属公式是小鱼公式：

（右下 右勾 右勾）（右上 右勾）（右下 右勾）（右上）

简记：下勾勾 上勾 下勾 上

小鱼公式的特点和记忆规律：

① 所有动作指令全部为右手指令，也就是在做这个公式的过程中，左手的作用仅仅是拿住魔方，不需要做任何转动动作。

② 公式：下（↓）勾勾 上（↑）勾 下（↓）勾 上（↑）其中下、上是交替的。

"小鱼"分为几种不同的情况,我们该如何判断呢?

图2.52中这种情况由已经还原完成的顶层十字和"一个"黄色朝上的角块组成。如果我们俯视这个图,会发现这个形状很像卡通画里的小鱼。当我们遇到小鱼情况的时候,使用1~2遍"小鱼公式"就能将顶面直接变为黄色一面,从而完成整个第五步。所以说"小鱼公式"是能够直接解决这种小鱼情况的,这也是"小鱼公式"名字的由来——能将小鱼情况变成整个全黄顶面的公式。

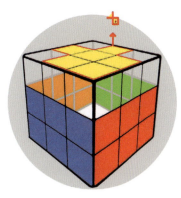

图2.52 小鱼图形

具体的处理步骤如图2.53所示。

① 正确地摆放位置,如图2.53,顶层为黄色,并且只有一个角块是黄色朝上,那么这个黄色就是鱼头。将鱼头朝向自己,并放在右手边,就好像小鱼的头朝右下,并向右手的掌心游过来。

② 使用公式一遍。摆放正确之后就可以使用小鱼公式了。在这一步中要谨记:专属公式一次只能做一遍,决不能连续做两遍或很多遍。

③ 观察做完公式的结果,根据结果重新判断后面的步骤。上一步完成后只会出现两种情况:顶面完成或者仍然是"小鱼"情况。当再次出现"小鱼"的时候我们不能盲目地直接再做一遍公式,而是要:重新摆好位置→做一遍公式(从步骤①再走一遍)。同样,这也是后面在处理"非小鱼"情况时的重要准则。

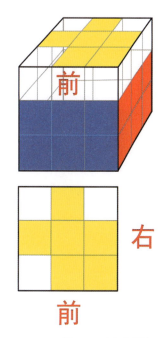

图2.53 小鱼的摆放

但是，如果上述步骤使用超过两次还没有还原顶面的话，就是还原的过程出了问题。如果顶面未能还原整面但魔方没有被打乱，仍然在第五步，则可能是小鱼的摆放方向错误（忘记步骤①）；如果顶面未能还原整面且魔方被打乱（底下两层出现破坏或倒退至前面的其他步骤），则可能是公式本身操作有误（做错公式）或者公式选择有误（使用了其他步骤的专属公式）。

如果遇到的是"非小鱼"的情况该如何判断呢？

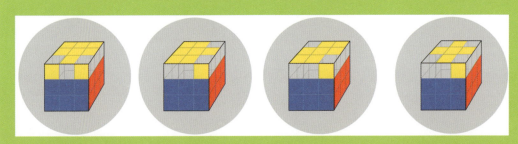

图2.54 "非小鱼"情况

"非小鱼"是多种情况的统称，在实际操作处理中，我们也将这些情况用同一套方法处理。"非小鱼"的情况分若干种（图2.54），我们不需要将它们一一识别和区分开，只需要将它们与"小鱼"区分清楚即可，显然，作为"非小鱼"的情况，我们只需要知道它不是小鱼，与小鱼长得不一样就可以了。对于是不是小鱼，在"小鱼"情况的判断这一部分对小鱼的基本特征做了规定，我们是通过判断"顶面"（不是顶层）黄色所呈现的图形识别小鱼的，因此只要这一步中出现情况的顶面图形与小鱼的图形不同，则这个情况即不是小鱼，是"非小鱼"。

我们处理"非小鱼"情况的基本思路是：将非小鱼转换成小鱼，再通过小鱼的处理方式最终间接拼好顶面，也就是：非小鱼→小鱼→顶面。

① **正确地摆放位置**

如图2.55所示，所有的"非小鱼"情况都需要让顶层侧面的黄色朝向自己并摆在右手边。我们通常也描述为：让右手拇指上出现黄色。在第五步中，若发现手中的情况是"非小鱼"，且（魔方前面）右手拇指上方的角块位置未出现黄色，我们就需要通过食指"勾"顶层，让那个位置出现黄色。当右手拇指上方的角块位置出现黄色时，这个"非小鱼"情况的摆放位置就正确了。

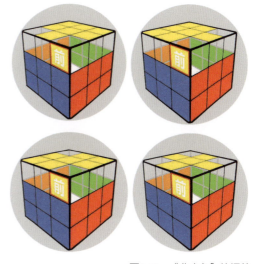

图2.55 "非小鱼"的摆放

② **使用小鱼公式一遍**

摆放正确之后就可以使用公式了。同样的，在这一步中要谨记：专属公式一次只能做一遍，决不能连续做两遍或很多遍。

③ **观察做完公式的结果，根据结果重新判断后面的步骤**

上一步完成后只会出现两种情况："小鱼"情况出现。仍然不是"小鱼"情况。当出现第二情况的时候我们不能盲目地直接再做一遍公式，而是要重新按"非小鱼"的摆放规则摆好位置→做一遍公式（从步骤①再走一遍），直到出现第一种情况（小鱼）；当出现第一种情况的时候，我们就完成了"非小鱼→小鱼"的转化过程，就可以按"小鱼"情况的处理步骤最终完成顶面了。

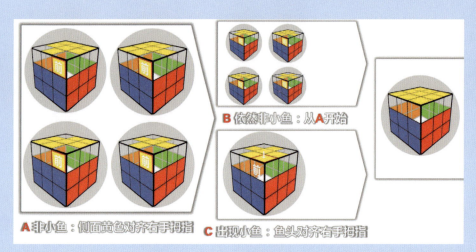

图2.56 "非小鱼"的处理流程

如果做了很多次都没有效果,你的操作可能有问题。无论是"小鱼"还是"非小鱼"的情况,它们都存在一个"事不过二"的规律。如果我们发现以下情况,则你的操作一定出现了问题:对于"小鱼"情况,如果按规定步骤处理超过两遍还没有还原顶面;对于"非小鱼"情况,如果按规定步骤处理超过两遍还没有变成"小鱼"。

如果顶面未能还原整面但魔方没有被打乱,仍然在第五步,则可能是"小鱼"/"非小鱼"情况的摆放方向错误(忘记步骤①);如果顶面未能还原整面且魔方被打乱(底下两层出现破坏或倒退至前面的其他步骤),则可能是公式本身操作有误(做错公式)或者公式选择有误(使用了其他步骤的专属公式)。

第六步　顶层角块归位

这一步调整的是顶层角块的位置，所以棱块的情况与这一步骤无关，此步的全部观察要忽略棱块。可以看出在顶面黄色还原的情况下，顶层所有角块都是复位的状态。即顶层4个侧面上每个面的角块位置的颜色都相同，就像是4双"眼睛"。若顶层4个侧面全都出现"眼睛"，顶层角块的相对位置就调整好了，第六步"角归位"任务也就完成了。

视频：顶层角块归位

需要注意的是，第三层在被单独处理的时候（第四步至第七步）是完全独立于前两层的，两者互不影响。图2.58中眼睛颜色与这一面底下两层颜色不一致，这是无所谓的，只要4个侧面的顶层全部都有"眼睛"，就说明角块与角块之间的相对位置是正确的，我们可以顺时针或逆时针转动顶层让眼睛与身体的颜色相同，也可以不予理会，只需要在整个步骤完成后通过转动顶层再使第三层与第一层和第二层对齐。在实际还原中，对于图中的情况，我们依然可以认为第三层的角块是复位的。

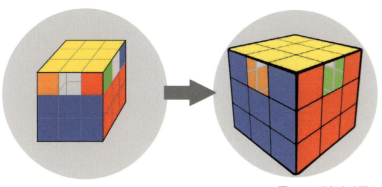

图2.57　顶角完成图

图2.58　顶层眼睛颜色

图2.59 "三角换"示意图

角归位这一步也有唯一一个专属公式——眼睛公式，这个公式是通过将图2.59中顶层的三个角顺时针变换位置这样一个基本原理，最终达到将顶层所有角块复位的效果，因此我们也称这个公式是"三角换"公式。

> 眼睛公式：压压
> 　　　　（右勾 右上 右上）（左勾 左上 左上）
> 　　　　（右勾 右上 右上）（左勾 左上 左上）压压
>
> 简记：压压+（勾上上）x4+压压

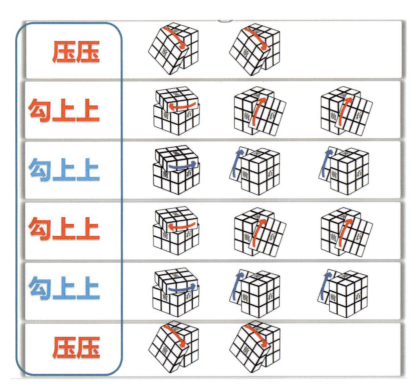

图2.60 眼睛公式

052　如何成为魔方高手：从入门到盲拧

对于第六步中出现的所有情况，我们都要使用眼睛公式处理，直到第六步完成。那么面对不同的情况该如何处理呢？角归位是顶面的下一个步骤，顶面完成后顶层侧面所有可能出现的状况如下：

① **四双眼睛（跳第六步）。**

② **一双眼睛。**

③ **无眼睛。**

对于情况①，判断跳步要果断，切勿判错公式。和第三层所有步骤一样，第六步也时常在魔方还原中被跳过，这一点在第三层教学开始之前，我们单独讲到"第三层的三大判断意识"中曾有具体阐述。所以在判断出自己已经跳过这一步后，要及时调整思路，不能不假思索地使用这一步的专属公式。

对于情况②，一双眼睛看自己。当我们发现顶层侧面只有一双眼睛时，我们需要在黄色朝上的前提下，将这个眼睛面对自己摆放（放在魔方前面）。摆放到正确位置后再做一遍眼睛公式。做完后就会在4个侧面得到4双眼睛，第六步完成。

对于情况③，没有眼睛原地做。有时我们会发现，绕着魔方观察了一周，一双眼睛都没有，我们就在黄色朝上的前提下随意将一面对着自己，做眼睛公式一遍。做完后就会在魔方的其中一个侧面得到一双眼睛，则情况③成功转化为情况②（按这个眼睛公式，眼睛会出现在右侧面）。

第七步 顶层棱块归位

视频：顶层棱块归位

这是三阶魔方还原的最后一步。这一步的任务是将顶层所有棱块复位，我们运用到的专属公式是"三棱换"公式。出于将还原魔方比作盖大楼的思想，顶层最后4个棱块的位置形似窗户，因此我们也将这个"填窗户"功能的三棱换公式称为：窗户公式。

窗户公式：右手公式+左手公式+右手公式×5+左手公式×5

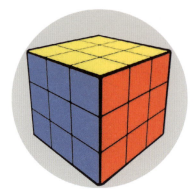

图2.61 完全复原的魔方

在初学时，为了使这一步的观察更方便，在上一个步骤将4个侧面的眼睛都做好之后，我们要检查每面同色的眼睛和下两层的颜色是否已经对齐。如果没有对齐，就用左手或右手"勾"的指令，先让眼睛和身体的颜色对齐，再往下进行。

根据"窗户"的分布数量，这一步共分两类情况。

① 需要安装三扇窗户：4个侧面中只有一面是完整的（有一面墙）。

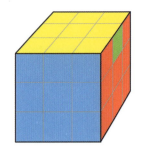
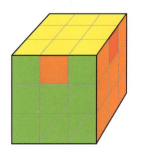

图2.62 安装3个窗户

② 需要安装四扇窗户：4个侧面中没有一面是完整的。

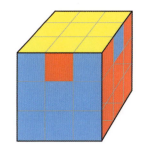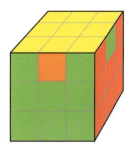

图2.63　安装4个窗户

具体操作步骤如下。

① 找到一个完整的侧面，就让它面朝自己

面对这类情况，只需要让这面完整的"墙"对着自己，三面窗户分别朝向左、右和后方，再使用窗户公式一遍。做完公式后可能完成这一步，也可能还是情况①，若出现后者，则依然将墙对自己，再做一遍公式即可完成这一步，进而还原整个魔方。

② 未找到完整侧面，原地做一遍公式

如图2.63，有时我们发现，绕着魔方观察了一周没有出现一个完整侧面。我们就在黄色朝上的前提下随意将一面对着自己，做窗户公式1遍。做完后就会在魔方的其中一个侧面得到一个完整侧面，则情况②成功转化为情况①。

窗户公式的简化：如果拿一个还原好的魔方，直接开始做右手公式1遍，魔方就会被打乱，再继续连续做5遍，也就是总共做6遍的话，魔方就又被还原了。我们可以把公式的循环理解成一个人沿着操场的跑道上跑步，可以通过顺时针或逆时针跑，跑到跑道上的任意一个点。做6遍一循环相当于绕着一个600米的跑道跑了一圈，起点即这一圈的终点，并每隔100米设标记一个位置，从1到6。假如我们沿着跑道顺时针跑：

> 则跑到位置1等于需要做1遍上勾下回；
>
> 跑到位置2等于做2遍上勾下回；
>
> 跑到位置3等于做3遍上勾下回；
>
> 跑到位置4等于做4遍上勾下回；
>
> 跑到位置5等于做5遍上勾下回；
>
> 跑到位置6（0）等于做6（0）遍上勾下回，魔方回到原点的状态。

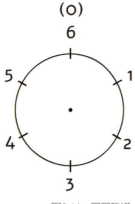

图2.64 圆圈跑道

那么对于窗户公式来说，后面的两部分意为右手公式5遍和左手公式5遍。这就分别相当于做两个这样的任务：右手公式从位置0跑到位置5、左手公式从位置0跑到位置5。

那么问题来了：想要沿着跑道从位置0到达位置5，最便捷的路径是什么？过去的做法（窗户公式）就是循规蹈矩地从0顺时针跑，经过1、2、3、4才最终到达5，这一趟足足跑了500米（5遍上勾下回）。但简单的判断告诉我们，最便捷的路径应该是从0开始，逆时针跑100米，直接跑到5，这是最短的距离。也就是说：在这条"公式跑道"上，顺时针跑500米和逆时针跑100米结果是一样的，但后者显然是个更好的主意。在右手公式和左手公式上也是一样，正着做5遍公式，和倒着做1遍公式达到的效果是完全相同的。那么上边提到的窗户公式里的右手公式做5遍和左手公式做5遍，完全可以简化为右手公式倒着做1遍，左手公式倒着做1遍。到此为止我们只剩一个问题：如何倒着做上勾下回？

倒着做公式，就是把正向的公式整个动作过程颠倒过来。也就是说，不光动作指令的先后顺序全部颠倒，每个指令自己也要翻过来。对于每种指令的互逆指令，我们发现存在如下对应。

> 右上——右下；左上——左下
> 右勾——左勾；左勾——右勾

在左右手公式的名词体系中，有：勾——回。当"勾"表示左勾，则"回"表示右勾；当"勾"表示右勾，则"回"表示左勾。

> **右手逆公式：右勾，右上，左勾，右下（勾上回下）**

图2.65 右手"勾上回下"

> **左手逆公式：左勾，左上，右勾，左下（勾上回下）**

图2.66 左手"勾上回下"

由上面分析得知，相对复杂的原窗户公式可以优化为：

> 右手公式+左手公式+右逆公式+左逆公式

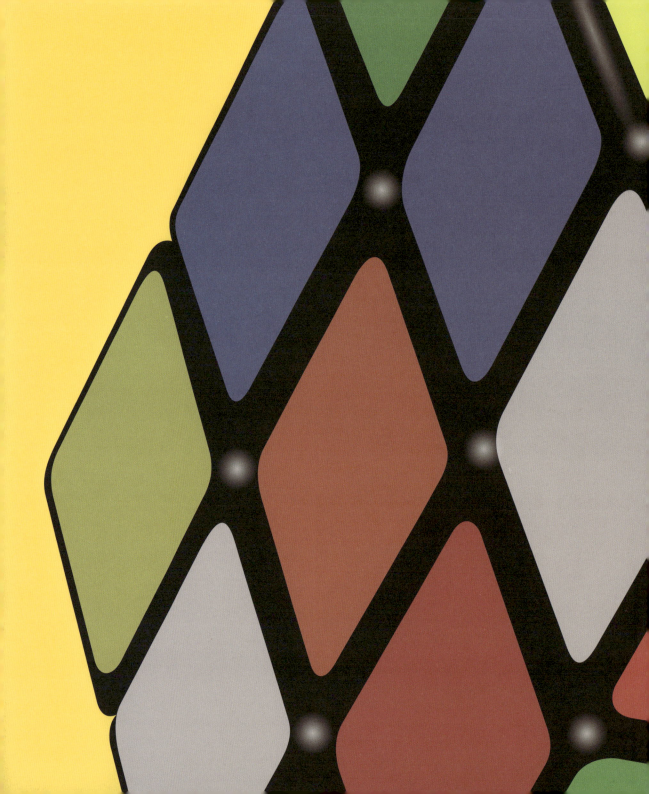

第 03 章

盲拧魔方是什么？

"盲拧魔方"中的"盲"就是指不看魔方,"拧"指的是还原魔方,那么盲拧魔方的意思就是不看着魔方而将它复原。这怎么可能呢?我们先来看一下盲拧魔方考试中对该项目规则的描述,根据ICA魔方段位认证考试规则,三阶魔方盲拧的操作流程如下:

① 考官打乱魔方后将其放入罩子,置于考生面前。
② 考官示意可以开始后,考生首先启动计时器,然后打开魔方罩。
③ 拿起魔方后开始进行观察与记忆。
④ 记忆完毕后戴上眼罩,开始复原魔方。
⑤ 复原完毕后将魔方置于桌面,然后按停计时器,等待考官记录成绩。

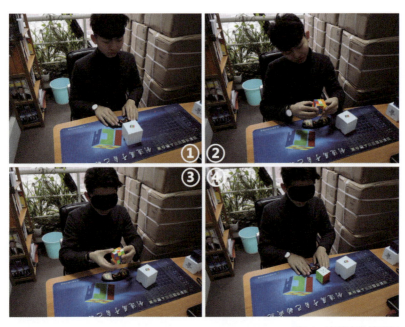

图3.1 盲拧魔方的流程

通过盲拧魔方的考试规则我们可以了解到，盲拧魔方主要分为两个部分：第一，将打乱后魔方的状态，也就是各个方块位置的分步、颜色的朝向都记住；第二，蒙上眼睛根据记忆将魔方还原成功。盲拧魔方过程中还有一些特别重要的规则，如果违反会被视为"作弊"，取消考试资格：

① 观察记忆阶段不允许转动魔方。

② 复原阶段不允许掀开眼罩进行观察。

③ 复原完成后必须先将魔方置于桌面，按停计时器后才可掀开眼罩，且不允许再次触碰魔方。

④ 违反以上规则均视为考试作弊，取消本次成绩。

通常在蒙眼后的复原阶段，考官会用挡板遮住考生眼睛，阻挡其观察魔方的视线，避免考生偷看魔方。

通过上述的盲拧魔方规则，我们可以看出盲拧魔方的几个难点：只有一次观察记忆的机会，复原过程中忘记了魔方的状态没有机会再次进行观察；复原过程发现错误或者不确定是否正确，也没有机会进行确认并修正；盲拧魔方的最终成绩是包含了记忆时间与复原时间的。

学会正常情况下（睁眼）还原三阶魔方的朋友，看到这里就能发现盲拧魔方的难度非常高了。正常还原魔方我们是分了好几个步骤，每做一个步骤之前需要观察一下魔方，找到需要的几个方块后，对它们进行操作；然后再找下一个方块，再操作。而盲拧魔方只有一次观察和记忆的机会，转动过程中不需要用到的方块会跟着变化，但是中途没有机会再次看到魔方了。也就是说你需要一次性看见并记住魔方上面所有方块的状态，并且在蒙上眼睛开始转动之后，随时关注到每一个方块的状态，漏掉任何一块都会导致失败。本书介绍的盲拧魔方的方法也是在这套规则之下实现的。

视频：盲拧魔方展示

第04章

学习盲拧魔方的基本要求与准备工作

有人问:"不会三阶魔方的复原可不可以直接学盲拧?"理论上是可以做到的,因为盲拧的方法和正常睁眼复原的方法完全是两个系统。不过,还是建议大家先掌握正常的三阶魔方复原,因为盲拧需要对魔方的结构有一定理解,同时在观察、记忆、公式手法各方面都有很高的要求。先学会正常复原,练一段时间水平提高之后再学习盲拧,反而比直接学习盲拧魔方要更加有效果。

盲拧魔方的基本要求

要学习本书提供的盲拧教程，建议读者具备以下条件。

① 能够独立完成正常（睁眼）的三阶魔方复原，最好能稳定在1分钟以内完成。这样对三阶魔方的结构、空间转换方式以及基本手法都会有较深理解，当然速度越快对于学习盲拧会越有帮助。

② 掌握一定量的魔方公式及手法。本书使用的盲拧方法对公式要求并不高，但有一定魔方公式基础的话对于学习任何魔方玩法都是有很大帮助的。

③ 除三阶之外，掌握其他一些魔方的复原也是有益的，简单的如二阶魔方、塔形魔方，还有如镜面魔方等三阶变种魔方。毕竟各种魔方都是对空间结构感知力的锻炼，虽然这并不是必需的。

二阶魔方　　　　　塔形魔方　　　　　镜面魔方

图4.1　二阶、塔形、镜面魔方

④ 能看懂魔方公式的表达法对学习盲拧是十分有用的，例如"R、U'、F2"这些字母的含义。一方面本书中会需要学习一些新公式，另外在练习的时候需要按照随机生成的"打乱公式"来打乱魔方，以便于盲拧失败时候可以通过按同样的打乱公式来进行"复盘"，找到哪个步骤出现了问题。

下图是本书需要用到的魔方公式表达法：

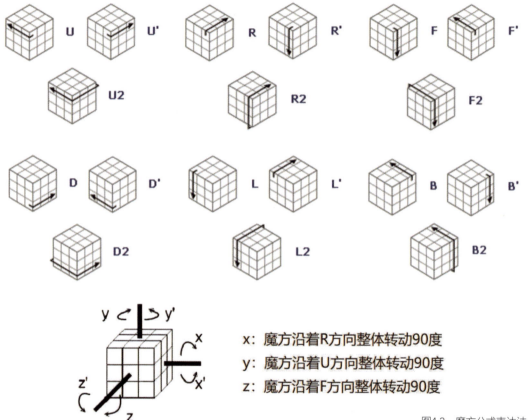

图4.2 魔方公式表达法

关于魔方的随机打乱程序和计时器，目前已经有很多爱好者开发的工具供大家使用，无论是网页版还是手机App，读者可以在电脑上或手机的应用商店中搜索。虽说盲拧魔方和正常还原三阶魔方的方法并不相同，但良好的魔方基础对于学习盲拧还是有很大帮助的，无论是空间感、手法、公式系统的熟悉等，因此建议读者将三阶魔方（正常的睁眼复原）练习到1分钟以内的水平再开始学习盲拧魔方。

学习盲拧魔方的准备工作

正式开始学习盲拧魔方之前，还有一些东西需要准备好。

① 一到两个顺手的三阶魔方。初学盲拧魔方建议不要用太松太滑的魔方，毕竟复原时是蒙眼状态，手法上一个小失误就会导致复原失败，不像睁眼复原可以及时纠正。

② 一个用于辅助记忆编码的魔方。本书提供的方法需要对魔方的每个方块进行英文字母或数字的编码，刚开始练习可能对编码不太熟悉，需要经常看一眼这个魔方来提醒自己。这个魔方对性能没有要求，因为它只是用来记录编码，不会被转动。

③ 一支马克笔（记号笔），用来给上述魔方进行涂写编码，不要用那种很容易擦掉的白板笔。

④ 一个笔记本，用来记录练习过程中需要提醒自己的知识点、公式或者操作流程，当然也可以在书中画出需要记忆的重点，或者在空白处书写。

图4.3 写满盲拧编码的魔方

视频：学习盲拧的准备

第05章

盲拧魔方的实现原理

睁眼复原魔方已经很复杂了，完成一次需要几十甚至上百次的转动，每转动一次魔方，多个方块就会变换，怎么可能在蒙眼状态下推算出每一步的状态呢？盲拧用的魔方是特制的吗？是每种颜色都能摸出来的那种吗？是不是旁边有人提示，来帮助考生完成？

首先，盲拧用的魔方和正常复原的三阶魔方是完全一样的，不会通过触摸感觉到颜色，而且考试中使用有触感的魔方绝对是禁止的，会被视为作弊。其次，盲拧过程要求绝对安静，不仅考生不得发出任何声音，在场的任何人都不得发出声音，否则会被请出考场。

本章主要介绍魔方之所以能够盲拧的核心原理，旨在告诉读者为何盲拧魔方是可以实现的，又是如何实现的，并不涉及具体的学习方法和操作流程。对原理不感兴趣只想尽快掌握盲拧技术的读者可以跳过接下来的两个章节，直接从第六章开始学起。

首先我们来分析一下魔方的结构。一个标准的三阶魔方包含了26个方块，每个面正中心的方块叫"中心块"，一共有6个，颜色均不一样；处在立方体8个角位置上的方块叫"角块"，每个角块包含了3种颜色；处在每条边中间的是"棱块"，一共有12块，每个棱块包含了2种颜色。

有魔方速拧基础（或者拆过魔方）的玩家都知道，6个

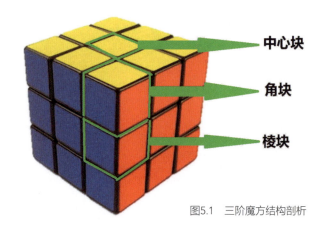

图5.1 三阶魔方结构剖析

中心块是固定不动的，当魔方被旋转打乱后，其余的20个方块会变换位置。除此之外，方块还会出现"方向翻转"的情况，如图5.2所示，无论是棱块还是角块都已经归位，但是上面的颜色发生了翻转。棱块在同一位置有2种方向，角块有3种方向。

我们的任务就是把20个方块的位置和方向都调整正确，这与睁眼复原魔方的速拧方法是一致的。睁眼复原的过程是：找到方块—完成它—魔方产生变化—找到下一块—完成它……直到全部方块还原。但是根据盲拧魔方的规则，开始转动魔方就不允许再观察魔方的状态了，因此完成第一个步骤之后我们就无法观察下一个方块，除非记住魔方的初始状态并推算出来。可是每完成一步就需要推算一次，况且每转动一步都会牵扯到很多方块的变换。因此盲拧需要采用其他的策略，这个策略用一句话概括就是：

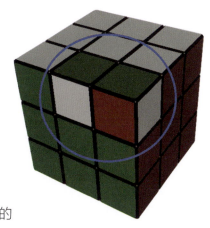

图5.2 棱块、角块翻色示意图

> 记住初始状态，并在不影响其他方块的情况下逐一复原。

可能有的读者还是不太理解，下面我用"停车场原理"来解释。停车场大家都见过，无论是居住区、商场、车库都有这样的场地，专门用来停放机动车辆。地上会用标记线画出格子，示意司机将车停在区域内，同时还会印有编号，指示大家停放的位置。

图5.3 停车场示意图

看图5.3，我们想象有这样一个停车场，地面涂上用不同颜色组合的油漆加以区分。有和车位数量相同的小汽车，对应着车位的颜色，但是车主们经常随意停放车辆。而你的任务，就是指挥他们按规定回到自己的车位停好，就像把一个打乱的魔方复原。

图5.4 随意停放的车辆

如果是站在高处看着停车场指挥司机移动，这个任务就很简单了，你可以下令："请红白车移动到红白车位！请黄绿车移动到黄绿车位！"直到所有车都正确停放好，你就可以下班了。但是现在给你的任务是：用脑子记住现在的停放情况，回到办公室用对讲机指挥司机移动，但是司机们不知道自己车辆的颜色和车位的颜色。这就有点像盲拧魔方了，那么该怎么办呢？

首先，我建议你给车位和对应的汽车进行编码，方便记忆和指挥，可以按下面的方式将阿拉伯数字赋予车位和车辆。可以看到，其中有一个车位和对应的车辆没有进行编码，通过稍后的操作大家就会明白并不需要这个编码。

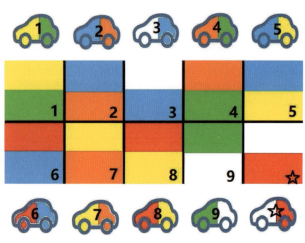

图5.5 车位编码与汽车编码

转化成编码之后,我们再来看图5.6中的情况该如何处理。

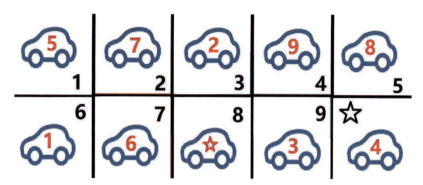

图5.6 编码后的停车场

由于任务要求我们记住现在的停车状态,并且指挥移动的过程中不允许观看,要如何记住呢?首先,每次干这个工作都固定地从"没有编码"的位置开始,给它起个名字叫"起始位"(图中标记为五角星)。起始位现在停着4号车,我们记一个数字"4",4号车应该移动到4号车位,那里现在停着9号车,我们再记一个数字"9",9号车位停着3号车,应该把它挪到3号车位,移出那里停着的2号车……以此类推,最后的8号车需要移动到"起始位",我们得到一组数字:

> 4-9-3-2-7-6-1-5-8

记住这组数字并不是很难吧,然后你就可以回到办公室开始指挥了。你可以下令"起始位的4号车请停放到4号车位!停在那里的9号车请去9号车位!刚出来的3号车……"最终,所有汽车全部挪到了正确位置,你可以下班了。但是这里还有个问题,如果把魔方比喻成停车场,汽车离开车位相当于把魔方"拆开",这显然是不合理的操作,魔方的方块之间只能进行"交换"。那么你的操作方式可以变成这样:

① 起始位的车辆，请和4号车位的车辆交换！这样4号车就正确停放了，起始位停的是9号车。

② 起始位的车辆，请和9号车位的车辆交换！9号车归位，起始位是3号车。

③ 起始位的车辆，请和3号车位的车辆交换！3归位，2起始。

……

⑨ 起始位的车辆，请和8号车位的车辆交换！完毕！

真实的盲拧魔方就像这样简单吗？当然不是！不过原理是完全一样的。转换到魔方上面还要增加几个难点：第一，魔方有20个可变换的方块，因此相当于有20个车位和20辆车；第二，魔方的方块除了位置变换还有方向变换，相当于把20辆汽车归位的同时还要求车头方向统一；第三，指挥车辆只需要一句口令，完成方块的交换需要特别的公式来进行；第四，除了数字编码，还会用到字母编码。

盲拧到底有多难，下一章我会简单分析整个盲拧魔方的操作流程和工作量，帮助大家增强信心。

视频：一句话说清盲拧魔方原理

第06章 盲拧魔方的流程与预备知识

到这里我们还没开始盲拧魔方的正式学习，鉴于很多人对于学习盲拧都有所畏惧，在这里预先介绍一下真实的盲拧过程大致是如何完成的。

盲拧魔方的流程

盲拧魔方主要分为"记忆"和"复原"两部分，其中，在观察阶段需要记住以下内容。

① 8~14位（平均11位）随机排列的数字，例如：

> 5839172046

② 6~10位（平均8位）随机排列的英文字母，例如：

> DJMPCTYL

③ 通常6~8个需要调整方向的棱块，这一步可以在蒙眼之前将其转化为两个公式，而且是在蒙眼之后快速完成的，因此不算在记忆部分里。

④ 遇到特殊情况需要多记一个字母H，多做一个固定的公式。

这么算下来，真正需要记住的其实只有一串数字和一串字母而已，只要你能记住这些内容，就有机会完成盲拧魔方了。对于学习过记忆法的人来说，这点内容实在是再简单不过了，有些人甚至天生就可以记住它们，但如果你没有专门学习过记忆方法，本书还会介绍一些特殊技巧来帮你记住它们。

当你完成编码并记住之后，就要开始蒙上眼睛复原魔方了，复原阶段通常需要进行如下操作：

① 学习三条超级简单的公式，从中选取一两条大约操作3遍。
② 用一条魔方速拧公式（很可能你已经会了）大约重复7遍。
③ 两条三阶魔方入门公式，大约重复6遍。
④ 遇到特殊情况多做两次公式，公式也是前几步已经用过的。

> 这样总结下来，盲拧魔方其实并没有之前想象的那么复杂。本书提供的这套方法只需要学习3~6个新公式，重复十几次即可完成。稍加练习熟悉之后，1分钟完成观察、编码、记忆，1分钟完成复原是不难实现的。目前已经有人用这套方法在1分钟之内完成了魔方的盲拧（记忆+复原）。
>
> 本书的这套盲拧方法也很容易和目前最先进的高级盲拧技术衔接，只需要完成个性化的"编码表"再加上一些新公式，就可以让记忆量减少1/3，操作量减少1/2。当然这是后话，先继续学习下一章的内容，掌握盲拧魔方的技巧吧。

盲拧魔方
预备知识

图6.1 盲拧魔方坐标系

学习盲拧的第一件事，就是固定魔方的"坐标系"。就像睁眼的速拧一样，我们总会从一个颜色开始做十字，然后逐层开始复原。但是盲拧魔方必须固定一个颜色，并且永远不会更改，准确地说是固定6个面的颜色位置，形成一套"坐标系"。本书采用的是"白顶-绿前"的方位系统，如果你希望能顺畅的学完本书所有内容，也请使用这套坐标系。

"白顶-绿前"的含义是：白色面朝上，绿色面朝前（朝向自己），只要固定这两个面，其他6个面的相对位置就全部固定住了。只要拿起打乱的魔方，第一件事就是按这个规则调整好魔方的摆放，无论是观察、编码、记忆，还是蒙眼后的复原，始终确保这个方向是不变的。如果观察记忆过程中变换了方向，那全部编码都是错误的；复原过程中不小心转换了的话，必然也无法成功（除了做公式时的临时转换）。

请再次确认并熟悉你的坐标系，当"白顶-绿前"摆放好之后，左手应该是橙色，右手是红色，底面是黄色，后面是蓝色。并且现在开始养成习惯，只要学习或练习盲拧，魔方在手里就必须是这个状态。

讲"停车场原理"的时候我们了解过编码的概念，现在需要对魔方进行编码。同样的，编码包含了"车"和"车位"两层含义，比如我们给魔方的"绿-红"块编码为4，意味着"绿红棱块"就是4号方块，同时魔方复原状态下这个方块所在的那个"正确位置"也叫做"4号位"。魔方复原时，4号块在4号位上，打乱后4号块就会跑到其他位置，4号位上就会放着其他方块。

图6.2就是全部12个棱块的编码，我们来看一看它的顺序。图中"X"所在的"白绿"棱块不需要记住，"X"代表着"起始位"，这个概念在之前的停车场中提到过。虽然这个方块也需要我们复原，但并不需要对它进行编码，这不会影响魔方的复原。之后按顺时针将上层的3个棱块：白橙、白蓝、白红，依次编码为"1、2、3"；然后下到中间层，从"绿红"块开始顺时针将这里的4个棱块编码为"4、5、6、7"；最后从7号的"蓝红"块下到底层的"黄红"块编码为"8"，然后转一圈依次将黄绿、黄橙编码为"9和0"；最后一个"黄蓝"棱块编码为"D"，这个D并没有特殊含义，只不过11个需要编码的棱块用阿拉伯数字显然是不够了，当然也可以从ABCD里任意选一个代替。

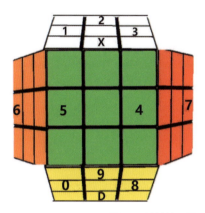

图6.2 棱块编码图

现在可以拿起提前准备好的记号笔，将编码写在那个专门用来记忆编码的魔方上面了，写的时候注意按照1、2、3、4……的顺序，这也是帮助你再复习一遍。写完之后不要着急进行下面的角块编码，在脑子里再多回忆几遍，首先试一下能不能按照X1234567890D的顺序，分别说出每个数字代表什么颜色的棱块。如果能做到这一点说明你的魔方基础很好，对6个面的配色顺序很精通，那么你可以换另外一个魔方打乱掉，按照编码的"位置顺序"依次看看上面的方块是几号，起始位的"蓝橙"块应该是……6号，1号位的"黄绿"开是……9号……，以此类推，加强印象。

你是不是每个方块都需要想一想才能回答出来呢？想出来之后可能还需要对照"编码魔方"再确认一下。强烈建议你在进行下一步角块编码之前再多练习一会儿，熟悉一下每个编码。如果你有一个一起学习盲拧魔方的伙伴就太好了，你们可以互相出题来考对方，比如"橙绿块是几号？""7号是什么颜色？"在后面的学习具体操作方法的章节中，我会直接用编码来描述，所以现在花点时间熟悉它们是很有用的，况且要想成功完成盲拧魔方的复原，早晚是要对编码非常熟悉才行。

角块编码就要比棱块麻烦一点了，我们看一看它是如何做的，你也可以先把它抄写在你的编码魔方上。

我们首先看到有1个角块没有编码，没错！就是复原角块用到的"起始位"，也就是对应着"白蓝橙"的那个角块。然后我们注意到角块编码采用的是英文字母，而且每个角块上面都有3个编码，意味着对角块上的"每一个色块"都进行了编码。这和本书采用的盲拧方法有关，复原棱块我们是把"位置"和"方向"分为两个步骤处理，完成角块则是"一步搞定"。

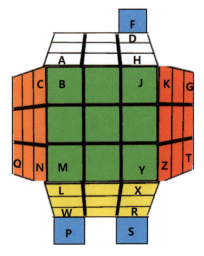

图6.3　角块编码图

如何成为魔方高手：从入门到盲拧

再仔细看一看编码顺序吧，首先从左上角的"白绿橙"块开始，上面放了ABC3个字母，并且白色是A、绿色B、橙色C；之后跳过起始位到了"白蓝红"编码为"DFG"，为什么没有E呢？不考虑起始位的方块，总共7个角块的21个色块需要编码，英文字母是26个，意味着其中有5个不需要用到。我将E、I、O、U、V去掉了，这涉及后面的记忆方法部分，我们需要用到"组词法"来继续英文编码，而这几个字母在汉语拼音体系中是对应内容最少的，况且V和Wei、U和You、O和Ou、I和Ai容易混淆。

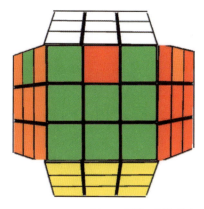

图6.4 顶层三棱换状态

学习下面的内容之前和棱块编码一样，仍然建议大家稍微熟悉一下这套编码，熟悉的方法和棱块一样，先按A、B、C、D……的顺序在脑子里过一遍每个角块每个颜色的编码，然后打乱魔方观察每一色块能不能想起它是什么字母。后面章节的学习过程我会直接用编码来描述。

本章要讲的最后一个重要概念就是"设置—复位"。我们先来看下面一个魔方的状态：

这是我们很熟悉的一个魔方状态，正常速拧魔方的最后一个步骤——顶层棱块换位。只要能够正常复原魔方的玩家都知道，用一个公式就可以将其复原，换句话说"做一套动作交换顶层3个棱块"。那么我们再看一看以下情况。

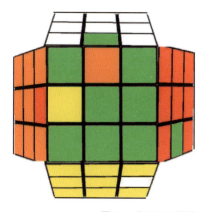

图6.5 非顶层三棱换

仍然是三个棱块需要交换，但这不是我们所熟悉的"同层"3个棱块交换了，因为3个棱块在不同的三个层面上。我们可以进行如下操作：

① 做一个L'转动，移动左边的棱块至顶层。
② 做一个R2转动，移动底层的棱块至顶层。
③ 做一个正常的"三棱交换"公式。
④ 分别做L和R2，移动左右两个棱块到原位置上，魔方复原。

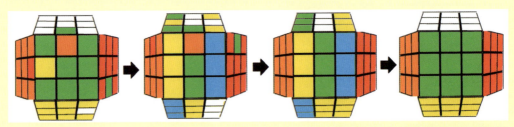

图6.6 非顶层三棱换步骤分解

发生了什么？由于我们只会3个棱块处在同一层时的解法，如果需要交换不同位置的棱块，就要临时把它们凑到同一层，使用公式交换后再"按原路返回"之前的位置。用这个方法我们可以完成任何位置的方块交换，与此同时大家会注意到——交换这几个方块的时候，其他任何方块都没有受到影响，这句话才是盲拧魔方的精髓！这意味着我们只要能够记住魔方打乱后的"初始状态"，再逐一或逐二的将方块复原，而不用推算完成每一步之后的魔方状态。后面四个章节就正式教大家解决每一种方块的处理办法。

视频：盲拧魔方基础知识

第 07 章 盲拧魔方第一步——棱块翻色

本章首先学习棱块的"翻色",这是最容易掌握也是完成速度最快的一个步骤,但请注意这并不是盲拧魔方实战过程中的第一个步骤,后面的《实例分析》章节中会介绍正确的盲拧魔方的观察、记忆、复原流程。

大家知道三阶魔方只有12个棱块和8个角块需要复原，每个方块包含了位置和方向的变换，因此总的来说可以分为四大步骤：角块方向、角块位置、棱块方向和棱块位置。本书的角块盲拧复原采用的"一步到位"法，棱块采用的"分步法"，本章讲解的就是棱块复原的第一部分——棱块方向调整。

我们看下面两个打乱的魔方：

图7.1 两个打乱后的魔方

通过图7.1的"白绿块"可以看到，一个棱块的复原意味着它上面的两个颜色都"与中心块对齐"了；再看图7.2，显然"白绿"棱块位置是处在正确的白绿中心交界处，但是两个颜色的方向被调换了，我们需要通过一些操作将其"翻转"过来，而翻转它的步骤就叫"棱块翻色"或者简称"翻棱"，也可以叫做棱块的"翻色"。

"翻棱"完成之后就是下一章讲解的"棱块归位"，就是说"翻棱"的步骤是必须要在"换位"之前完成。如果魔方的棱块位置都正确，只是方向相反，我们很容易就能看出来，但是处在完全打乱状态的魔方该如何判断某个棱块是否存在方向问题呢？比如下面这个状态：

图7.2 一个完全打乱的魔方

我们可以看出许多棱块的位置都是错的，那么将它们归位之前如何判断方向是否正确呢？我们要先学习"颜色等级"的概念，通过这个概念我们可以在棱块位置错误的情况下判断哪些需要"原地翻过来"。

图7.3是我们在上一章学习的"魔方坐标系",也就是"白顶-绿前"的定向摆放规则。

之前我们提过要求,只要是玩盲拧魔方,拿到魔方之后第一反应就是按"白顶-绿前"摆放好,之后的观察、编码、记忆、复原整个过程都不能变。现在我们在这个坐标系的基础上再进一步加工,我们做如下定义:

图7.3 盲拧魔方坐标系

> 顶面(上面)和底面(下面)为"高级面"
> 前面和后面为"中级面"
> 左面和右面为"低级面"

转换成魔方术语就是:UD=高级面;FB=中级面;LR=低级面。

然后我们看一下6个面的颜色,顶面(U面)是白色;底面(D面)是黄色;前面(F面)是绿色;后面(B面)是蓝色;左面(L面)是橙色;右面(R面)是红色。因此我们得出以下结论:

> 白色、黄色(高级面的颜色)为"高级色"
> 绿色、蓝色(中级面的颜色)为"中级色"
> 橙色、红色(低级面的颜色)为"低级色"

简单记法就是:上下高、前后中、左右低;白黄高、绿蓝中、橙红低。现在请稍微熟悉一下这个定义,记住这个"颜色等级"之后我们就利用它来判断打乱状态下的魔方"哪些棱块方向不正确"。

判断依据就一句话:

> 相对高级的颜色在相对高级的面,即为方向正确,否则需要"翻色"

如何理解这句话？我们看一看打乱后的魔方：

图7.4中"起始位"的方块，是一个"黄-红"棱块，这个棱块的红色在白色面上，黄色在绿色面上。我们分析一下他们的"颜色等级"：红色是"低级色"，黄色是"高级色"，因此黄色比红色要"更高级"，可以记做：

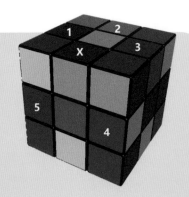

图7.4 一个打乱的魔方

红<黄

然后红色所在的白色面是"高级面"，黄色所在的绿色面是"中级面"，因此白面比绿面"更高级"，记做：

白>绿

我们可以分析出一个结论来："相对级别更低"的红色来说，处在"相对级别更高"的白色面上，与上面提到的"判断依据"的原则不符，因此判断这个棱块的方向是错的，需要进行翻转，也就是需要"翻棱"操作。

我们再分析一下"3号位"的棱块，是一个"绿—橙"棱块，绿色是中级色、橙色是低级色，因此"绿>橙"，两个颜色所在的面是"白>红"，也就是说"相对级别更高"的绿色处在"相对级别更高"的白面上，两者是"一致"的，我们就可以判断这个棱块方向正确，不需要进行"翻棱"操作。

再分析一个棱块，"4号位"的"白—蓝"块。棱块的颜色是"蓝<白"，两个面的颜色是"绿>红"，它们的"相对颜色等级"是反着的，因此这是一个需要进行"翻棱"操作的块。

我们依次把所有12个棱块都观察一遍，就可以知道哪些棱块需要"翻色"。请注意一个法则——翻棱数量必然是双数，就是说你把所有棱块看一遍判断完翻棱情况之后，需要"翻色"的棱块可以是2个、4个、6个、8个……绝不会是单数个！如果你观察完发现有7个棱块需要翻色，那赶紧重新看一遍，一定有判断错误或者漏掉的。既然棱块一共是12个，那么可能遇到的翻棱数量也就只有6种可能了：2棱翻、4棱翻、6棱翻、8棱翻、10棱翻和12棱翻。

下面我们要学几个新公式，用来对棱块进行"翻色"操作：

> M' U M' U M' U M' U2 M' U M' U M' U M'
> ——公式A

图7.5 对棱翻公式效果

这是最基础的"两棱翻"公式，做一次可以将两个棱块的颜色原地翻转，如果你将魔方复原并且按照"白顶—绿前"的坐标摆放，做完公式之后你会发现"白绿"和"白蓝"两个棱块原地翻转了过来。因此这条公式也称作"对棱翻公式"。

公式中的M'代表中间层沿着R的方向转动90度，可以用左手的无名指从底部"扣"中间层来完成，如图7.6所示。

图7.6 M'的含义

建议读者在学习后面内容之前将此公式背下来，你会发现这个公式非常有规律，很好记住。我们还要学习一些多棱翻色的公式，可以帮助你更有效率地完成"翻棱"任务，但如果你不喜欢背公式，这条"对棱翻"公式就足够让你完成所有棱块的"翻色"了。因为两棱翻可以解决四棱翻、六棱翻……无非是多做几次而已。

下面是两条"四棱翻"公式：

(M'U)x4——公式B

(M'U M'U M'U M'U')x2——公式C

公式中的括号代表着"括号内的动作完成n遍"，后面"x4"就是完成四遍、"x2"就是完成两遍。将魔方六面复原后，做一次公式就能看到公式的效果：第一条公式是"1、2、9、D"4个棱块原地翻色，可以理解为"顶层相邻两块和底层相对两块"；第二条公式是"起始、1、2、3"4个棱块翻色，可以理解为"同层四棱翻"公式。正确完成公式的效果如图7.7。

这两条公式可以一次完成4个棱块的翻色，效率就比做两次"两棱翻"要快，而且你会发现公式反而比两棱翻的公式还要简单，灵活运用的话可以节省很多时间。

下面还有两个公式作为选修内容：

(RrUu)x3

[(M'U)x4 zy]x3

公式B

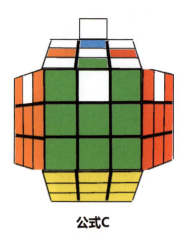

公式C

图7.7 四棱翻公式效果

公式中的小写字母代表"双层转动"，比如R是右层顺时针转动90度，那么r就是右边两层顺时针转动90度。公式中的y和z分别代表魔方按照U和F的方式进行"整体转动"。尝试自己完成上述公式，你会发现它们分别是一个"8棱翻"和一个"12棱翻"的公式。这两条公式不是很常用，但遇到符合的情况可以大幅缩短翻棱的完成时间，比如某次打乱魔方后正好符合8个棱翻色的情况；或者某次打乱之后遇到10个棱块需要翻色，则可以先做一个12棱翻的公式，那么10个棱块全部完成，两个本来不需要翻色的棱块变为需要翻色，这时再针对这两个棱块做一个"两棱翻"即可完成。

我们现在来举个实例：

F' R B2 R B' R U' D L F' R2 F L2 F2 D2

将复原的魔方按上述公式打乱（打乱时也要按规定的坐标系摆放），然后依次判断哪些棱块的方向是错误的，需要进行"翻色"操作。为避免有遗漏或重复的判断，可固定一个观察顺序，比如按照编码从"起始位"开始逐一判断，或者按"左—中—右"三层的顺序来判断。这个阶段有个小技巧：用手指按住那些判断完毕并且需要翻色的棱块，避免全部观察完毕之后忘了之前哪些棱块方向正确或错误。

如果你的魔方打乱正确，应该是如下状态：

现在开始观察棱块吧！先不要着急看后面的答案。

如果你的判断是正确的话，需要"翻棱"的方块应该是有8个，按编码来讲就是：X1367890（X代表起始位），这8个棱块需要进行翻色处理。如果和你判断的不一致，请重新观察所有棱块，想想为什么和正确答案不一致。如果想不明白请回到本章的开头，复习一下"颜色等级"和"翻棱"的概念。另外，后面的讲解会用到魔方的整体转动表示法，也就是"x、y、z"来表示转动方向，不熟悉的话再翻看一下前面的章节，复习一遍这3个字母分别代表怎样的转动。

图7.8 按照公式打乱的魔方

现在我们分析如何处理这些棱块的翻色工作，大家都听说玩魔方可以锻炼空间想象力，在这一步上就有很明显的体现。你需要将判断出来的（或者是手指按住的）所有需要翻色的棱块在脑海中形成一个整体的图形，然后将所学的几条翻棱公式套用在上面。我们来看看几种不同的解法策略。

1 只使用基本的"对棱翻色"公式，这是最容易想到但却是步骤最多的策略，比如先做一个"设置"步骤"U"，然后做一次"对棱翻"公式，然后再做个U'复位，这样就完成了1号和3号棱块的翻色；然后做一个B来把7号位的棱块"设置"到顶层，通过公式完成它和"起始位"的棱块翻色，别忘了做一个B'复位；现在"X137"4个棱块的翻色已经完成，还差"6890"4个棱块需要操作；做一个"设置"步骤"B"再加上整体转动"z2"，这时候做"对棱翻"公式就可以解决掉6号位、9号位的棱块，然后"z2 B'"完成复位；现在就差8号位跟0号位的两个棱块了，把它们挪到顶层有很多方式，比如"R2 L2 U"或者"z2 U"或者"y z2"，具体使用哪种方式完全看个人习惯，只要你保证能记得"设置"步骤就行，做完公式千万不要忘记"复位"回去，否则整个魔方的坐标系就乱掉了，后面的步骤无法成功进行。这个策略显然是很复杂的，虽然只用到了一条公式，但是大量的步骤和"设置—复位"使得失误率大幅提升，一个小错误就全盘皆输，而且由于时间太久，还会影响到其他盲拧步骤的记忆速度和成功率。

2 现在我们尝试用几次"四棱翻"公式，首先做一个"B"把7号位的棱块"设置"到顶层，加上"X13"3个棱块，形成了顶层4个棱块都需要翻色的形势，做一个"公式C"，再做个B'将7号棱块"复位"；接下来通过"z2 B"将6号位的棱块转移到D号位，再做一个公式C，然后"B' z2"复位。这样通过合理的设置加两个"四棱翻"公式，8个棱块全部解决。

3 我们再换一种思路，设置步骤"x z"做"公式B"，然后"z' x'"复位，一次性解决"1368"4个位置的棱块翻色；接下来设置"B x2"做"公式B"，然后"x2 B'"复位。这个策略是不是感觉更简单呢？而且公式B本身就要比公式C短很多，但是想到这个解法需要通过很多针对翻棱策略的练习才能做到，大部分人会习惯用公式A和公式C来解决所有问题，因为都是同一层的棱块翻色公式，比较容易思考。

下面再给大家两条打乱公式，以及需要翻色棱块的答案。希望读者先不要看答案，自行观察判断哪些棱块需要进行翻色处理，然后和正确答案对照是否一致，如果不一致检查为什么。判断正确之后在脑子里思考翻棱策略，如何把这些棱块"构建"到我们所掌握的几条公式之中，每次操作需要怎样的"设置—复位"步骤。然后尝试闭上眼睛去实施你的解法，刚开始可以操作一次检查一次是否完成，熟练之后尝试一次性完成所有棱块翻色，再睁眼检查。全部操作完成后，如果发现还有方向不符合"颜色等级"的棱块，思考错在哪里，再复原魔方并按同样的公式打乱"复盘"，直到能够一次性正确完成棱块全部翻色为止。

> B R2 F L2 U2 R2 B' D2 B D2 F' U F L2 B' U'

> U2 R2 B2 R2 U R2 D F2 D' F2 D B L F L'

按这两条公式打乱魔方后，需要翻棱的位置分别是"23456790"和"X124679D（X代表起始位）"，如果发现需要翻色的棱块无论如何都跟答案对不上，那应该是打乱错误，请将魔方复原重新打乱。刚开始练习可以把找到的棱块位置写在纸上，然后思考如何完成，做完一组检查一下，直到全部完成；熟练之后脱离纸张，直接用脑子记住或者用手指按住，思考所有棱块如何完成后闭上眼睛一口气全部完成，再睁眼检查是否正确；记得发现错误要及时找到原因并复盘重来，"棱块翻色"这一步骤能顺利完成后，就可以尝试跟下一章的"棱块归位"步骤合并一起完成了。

"棱块翻色"简易操作守则

1 确保公式表达法、魔方坐标系、设置—复位、颜色等级的相关知识已经掌握。

2 确保"翻棱"公式已经掌握。

3 打乱魔方后按"白顶—绿前"摆好,按顺序观察每一个棱块,判断哪些需要翻色。

4 不要记棱块编码,可以用手指按住观察完需要翻色的棱块,注意翻棱数量必然为双数。

5 构思翻棱策略:
如何用尽可能少的公式和"设置"步骤完成所有棱块。

6 闭上眼睛开始实施你的策略,完成后睁眼检查,如发现错误,要思考为何出错,是判断错误还是操作失误。

7 若找不到错误原因可将魔方复原并按打乱公式"复盘"重新练习,如果正确则进行下一次打乱练习。

视频:棱块翻色公式

第08章 盲拧魔方第二步——棱块归位

之前提到过，盲拧魔方步骤这几个章节不是按照实战顺序来讲解的，但是"棱块翻色"一定要在"棱块归位"之前完成，也就是在要想学习本章讲解的棱块顺序调整方法之前，必须将所有棱块的"颜色方向"调整正确。如果上一章的内容还不是很熟练，建议大家再多练习几次。具体原因之前也提到了，在魔方打乱状态下我们无法判断哪些棱块的"方向"是错误的，因此需要通过"颜色等级"的判断方法来完成棱块的"翻色"也就是调整方向，全部调整正确之后，就可以开始进行本章的"棱块归位"操作了。

在"盲拧基础知识"章节中大家已经学习了"设置—复位"的原理和操作机制，上一章进行棱块翻色的过程中也体会了如何通过"设置"把所需的方块移动到公式对应的位置上，最后记得按原路"复位"。现在你的手边应该有一个已经写满编码的魔方，如果说"棱块翻色"你完全不需要用到编码，那么"棱块换位"这个步骤就要正式启用这套系统了。

现在请将魔方6面复原，并按照以下公式打乱：

> F' R B2 R B' R U' D L F' R2 F L2 F2 D2

心细的同学可能发现了，这个打乱和我们上一章学习棱块翻色的打乱是一样的，这样可以确保大家能够正确完成棱块的翻色操作。还记得是哪些棱块要翻吗？正确答案是"起始位+1367890"这8个棱块，按照上一章的步骤完成它们，或者你已经熟练掌握了翻棱的步骤可以自行解决它。完成之后记得把所有棱块检查一遍，确保他们的"颜色等级"都符合规律。

完成棱块翻色之后，我们回到"白顶—绿前"的坐标系拿好魔方，开始从"起始位"进行编码，现在大家知道为什么要叫它（顶面和前面交界处的棱块）起始位了——棱块顺序的编码要从这个棱块开始。现在准备好纸和笔，看看"起始位"是哪个棱块，如果打乱正确的话应该是"黄红"块，看一看你的"编码魔方"这是几号块，这里建议你不看编码魔方直接回忆一下"黄红块"的编号，相当于把学习本章的过程当做熟悉编码位置的练习了。它是"8号块"，在纸上记录一个数字"8"；紧跟着视线转移到"8号位"，从这里开始建议大家通过旋转手腕和视线来观察8号位的情况，而不是翻转魔方，避免坐标系被打乱。8号位是在底层右侧，可能是你右手小指所在的位置，那个位置应该是"白蓝"棱块，它的编码是……2，对了！把数字"2"写在8后面，然后继续；2号位是在顶层的远端，现在哪里是"蓝红"棱块，编码是"7"，写上……以此类推，后面是0、4、9、D、1；观察到1号位发现了"白绿"块，它就是起始位的棱块，我们的编码回到了起始位，起始位之所以没有数字编号是因为我们并不需要记住它。

现在我们看一下纸上写的内容：827049D1，一共是8位，棱块有12块，除去起始位有11块，还有几个棱块没有"照顾"到，因此我们需要看一眼他们是什么情况：一种情况是他们一开始就是复原状态的，不需要进行交换处理；另一种情况稍微麻烦点，他们之间是"彼此循环交换"的，也就是出现了"第二循环"。按编码顺序来数一下，"1号"和"2号"都写在纸上了，那么下一个我们就看看"3号位"是否已经复原的。3号位上并不是复原的棱块，而是"绿橙"块，这个棱块的编码是"5"，我们在纸上把"3"和"5"都记下来；然后看到"5号位"是"蓝橙"块，编码是"6"，记下；"6号位"是"白红"块，编码回到了"3"，注意这里的操作和上一个"循环"就不一样了：我们把"3"看做第二个"交换循环"的起始位，这个起始位的编码需要记录下来，再次回到它的时候，需要再记录一次，切记！

现在除起始位的11个棱块都观察一遍了，纸上记录的编码顺序是：

8-2-7-0-4-9-D-1，3-5-6-3

中间隔开代表着后面4个棱块是一个"彼此循环交换"的情况，或者叫"第二循环"。盲拧魔方的实战过程中我们并不需要特别记住这个间隔，因此将它们串在一起，记为：

8-2-7-0-4-9-D-1-3-5-6-3

这就是我们接下来要完成"棱块归位"这一步的交换顺序了，首先学习我们这个步骤中需要用到的公式：

(R2 U)(R U R'U')(R'U')(R'U R')
——公式D

(R U'R)(U R U R)(U'R'U'R2)
——公式E

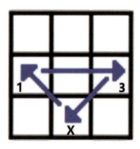

图8.1　顺时针三棱换公式

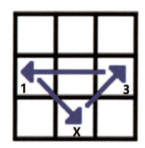

图8.2　逆时针三棱换公式

相信学习本书盲拧教程的魔方爱好者，绝大部分人都对这两个公式已经非常熟悉了，它们就是正常复原魔方最后一步——顶层棱块，需要用到的"三棱换"公式。如果你还没有掌握，抓紧时间把它们练熟，这对你的魔方速拧会很有帮助，同时也是学习本章内容的必备公式。公式上面的图形表示了"三棱交换"的顺序，公式D对应的顺时针三棱交换，是从"起始位"到"1号位"再到"3号位"；公式E对应的逆时针三棱交换是从"起始位"到"3号位"再到"1号位"。这个规律一定要记住，它们对应着两个不同方向的交换，也和接下来我们要进行的盲拧的"棱块归位"操作密切相关。

公式掌握之后我们开始根据之前的编码进行操作。之前的编码是"8-2-7-0-4-9-D-1-3-5-6-3"，实际完成的时候是"两位两位"地进行交换，也就是先处理"8-2"，再处理"7-0"，然后"4-9"……直到全部完成。大家记住一条关于"设置"的原则：

> 把编码对应的棱块全部"设置"到顶层

还要记住一条禁忌：

> "设置"步骤当中不能包含"F"层和"B"层的转动

我们首先来看"8-2"如何完成：将"8号位"的棱块移动顶层，通过"设置"步骤"R2"来实现，"2号位"本来就在顶层，不需要处理；现在8号位的棱块移动到了3号位，注意编码的顺序是"8-2"就是8在2前面，目前的状况就是"起始位-3号位-2号位"的循环交换，在脑子里按这个顺序转一圈，或者用手指辅助划一下，判断出来这是一个"逆时针"的循环交换；标准的"逆时针三棱换"公式是"起始位-2号位-1号位"，和手中的情况不一样，我们再加一个"y'"的设置步骤将这3个棱块转化成公式对应的状态，也可以用"U"来设置它们；现在做一个"公式E"完成交换，然后按照"设置"步骤的逆序将它们"复位"，如果你是通过"R2 U"来设置的棱块，则需要通过"U' R2"来复位。

这一系列完成后检查8号位和2号位的两个棱块，是不是已经复原了，然后就可以将纸上的"8-2"画掉了。接下来处理"7-0"编码：通过设置步骤R'将7号位的棱块移动到3号位，设置步骤L2将0号位的棱块移动到1号位，形成"起始位-3号位-0号位"的交换关系；这还是一个"逆时针"的三棱换，做一次对应的公式E完成交换；通过"L2 R"将两个棱块"复位"到原来的位置上；检查一下是否正确（实战盲拧没有检查的机会，这样做是为了确保能够掌握本章内容），画掉纸上的"7-0"（实战中也没有纸笔，相当于在脑子中记忆的编码可以删除掉）。

下面是处理"4-9"，用"R"来设置4号位到3号位，用"D' L2"来设置9号位到1号位，由于4在9前面，因此是一个"逆时针"三棱换，做公式，然后注意"复位"步骤是：L2 D R'。

接下来是"D-1"，这里有两种设置步骤的选择，因为1号位已在顶层，只需要设置D号位的棱块即可：先做"B2"把D号位的棱块挪到2号位，再用y'调整方向，对应的"复位"操作就是y B2；或者通过"D' R2"来设置D位置的棱块，复位步骤换为"R2 D"，采用哪种方式完全看个人习惯。这个情况同样是逆时针三棱换，并不是逆时针概率比较大，只是这次打乱赶巧了而已，将来随着你的练习量越来越大，两个方向的概率应该是趋于相同的，就像硬币的两个面。

然后是"3-5"，设置步骤只需一个L'，做一个公式E；接着处理"6-3"，操作流程是：L-公式D-L'。如果所有操作都正确完成的话，看一眼你的魔方，是不是全部12个棱块都复原了？棱块翻色加上棱块归位，就能将所有棱块复原了，在学习下一章的"角块复原"之前我们还要讲解一些你可能遇到的情况。

刚刚我们完成的这次打乱情况中遇到了"第二循环",大家也学会了处理方式,实战盲拧魔方过程中还可能遇到"第三循环"甚至"第四循环"(大部分情况只会到第二循环),处理方法是一样的。比如某一次打乱魔方之后,从起始位开始观察顺序是这样的:

> 起始位-1234-起始位
> 567循环交换
> 89两棱块互换
> 0D两棱块互换

可以简单记做:

> 1234,567,89,0D

而最终需要转化成下面的状态:

> 1-2-3-4-5-6-7-5-8-9-8-0-D-0

一旦正确完成编码,闭上眼睛开始复原的时候就不用考虑它们之间是如何交换、如何循环的了,只需要按"两位两位"的方式来处理即可。先设置"1-2"到顶层,然后做对应公式,再"复位"回去;然后处理"3-4"……直到全部完成。

还有一种情况——起始位就是"白绿"块,或者说起始位是复原的,该如何处理呢?解法就是直接看"1号位"的情况,并把"1"作为第一个编码。比如编码是:1234567,然后7号位的棱块回到1号位,这时候必须要在编码后面再加上"1",最终的正确编码就是:

> 1-2-3-4-5-6-7-1

也就是说：起始位的"白绿"块初始状态就是复原的，任意挑选一个位置开始编码（通常按顺序从1号位开始，1号位也复原就从2号位开始），这个编码要记录在案，再次循环回到它本身的时候也要记一位数。你可以这么理解：起始位复原，相当于编码一开始就进入"第二循环"了，起始位自己就是第一个循环。

还有一种"特殊情况"，最终编码完成后你发现编码一共是11位数，或者9位数、13位数，总之编码的长度是个"奇数"。因为完成棱块归位这个步骤，通过公式D和公式E每次处理两个编码，最后必然会剩下一个单独的数字。该怎么办呢？大家只需要记住一句话：

> 遇到"奇数位"编码，后面直接加个"3"

你可能会想到，编码本来最后一位就是"3"呢？那么：

> 遇到"奇数位"编码，并且最后一位是"3"，直接把这个"3"删掉

> "奇数位"编码属于特殊情况，不是每次都会遇到，需要一些特殊的手段来解决，这在第十章会讲到。在大家学完本章练习棱块翻色和归位的过程中，如果遇到"奇数位"情况记得加个3再做就可以了，做完之后你会发现棱块并没有复原，魔方棱块最后的状态是"起始位-3号位"互换，我们留到把角块完成之后再解决。

下面的两条打乱公式和上一章"棱块翻色"给大家的两条公式一样，我会在后面给出"棱块归位"的正确编码。请先将魔方正确打乱之后，用上一章所学的"翻棱"方法将所有棱块的颜色规则处理好，然后尝试用本章所学的方法进行"归位"顺序编码。写完之后和正确答案对照一下，如果有不一样的地方再重新编码，找出问题所在。

> B R2 F L2 U2 R2 B' D2 B D2 F' U F L2 B' U'

> 棱换位编码：1-2-5-9-6-3-7-8-0-4（-3）

> U2 R2 B2 R2 U R2 D F2 D' F2 D B L F L'

> 棱换位编码：2-6-3-8-0-4-9-7-D-4

　　第一个情况的编码就遇到了"奇数位"以"3"结尾的情况，那么这个3就可以直接删掉了，在上面的答案中用括号表示了出来。编码正确之后，开始"两个两个"地复原它们，刚开始可以操作一次检查一次是否完成，熟练之后尝试一次性完成所有棱块翻色，再睁眼检查。全部操作完成后，如果发现还有未复原的棱块，思考一下错在哪里，复原魔方并按同样的公式打乱"复盘"，直到能够一次性正确完成"翻色"加"归位"两个步骤。

"棱块归位"简易操作守则

1. 确保完全理解并应用"设置-复位"机制，熟练使用公式D和公式E。

2. 正确完成"棱块翻色"步骤。

3. 从起始位观察棱块并开始编码，起始位不占用编码。

4. 顺序编码并记录，某一块回到起始位"白绿"块时，观察一下没有被编到的棱块。

5. "第二循环"的起始块要加入编码，回到这块上要再次记录编码。

6. 起始位就是"白绿"块，从1号位开始编码，1号位也是复原状态则从2开始……并直接将其视为"第二循环"，意味着回到1或者2时也要再记录一次1或2。

7. 编码完成后如果发现是"奇数位"，在编码末尾加个"3"，如果结尾本来就是"3"则将其删掉。

8. 尝试记住编码，并开始"两位两位"复原，熟练"设置-复位"的操作和"顺逆"关系的判断。

9. 特别注意"设置"和"复位"的步骤中不允许包含"F层"和"B层"的转动。

第09章

盲拧魔方 第三步——角块复原

看到这里相信大家对盲拧的信心已经建立，完成所有棱块的相关操作后，魔方看上去大体已接近复原状态。上一章介绍"棱块归位"的过程中有许多操作流程规范，并没有介绍背后的实现原理，感兴趣的读者可以思考每一条"守则"为什么这样规定，或者自行查找相关资料。本书的原则还是用最通俗的语言，最简练的方法，先让读者掌握盲拧知识并顺利完成盲拧魔方，因此许多步骤背后的逻辑关系并不打算展开。

　　接下来讲解的是角块的复原，角块和棱块是独立存在的，因此学习和练习角块的时候无须将棱块完成。本书解决盲拧魔方角块问题采用的"一步到位"方法，因此不需要分为"方向"和"位置"两步来处理。这个方法的好处是：公式少、编码短、提升空间大、特殊情况易处理、与高级方法衔接紧密。

　　现在拿出你的编码魔方，再熟悉一下角块的编码，至少做到不看魔方能从A一直数到Z，并且不用考虑思考时间长短都能说出每个字母对应的角块颜色。当然如果能反过来，看到一个角块就知道它的3个颜色对应哪3个字母就更好了，想不出来也没关系，在学习和练习本章内容的过程中会逐渐熟悉起来。

我们先看一个速拧魔方当中常用到的一个PLL（顶层复原）公式：

F(RU'R'U')(RUR'F')(RUR'U')(R'FRF')

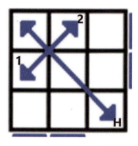

图9.1　PLL公式图

这个公式可能有些读者已经掌握了，要想提高速拧魔方的成绩，学习高级方法必然会背这个公式，那么盲拧魔方的"角块复原"部分需要的公式你已经学会99%了。如果你不会这个公式那就需要学一个新公式，我们看一下这个公式：

(RU'R'U')(RUR'F')(RUR'U')(R'FR)
——公式F

这条公式是我们学习本章内容需要用到的唯一公式，发现没有？把它与图9.1的PLL公式对比一下，只是公式的首尾部分去掉了一个F和一个F'。魔方从复原状态做一次这个公式会变成下图的状态：

我们仔细观察一下这个状态，首先是棱块的1号位和2号位发生了互换，这个我们暂时不需要关心；重点是角块的变换，是不是角块的"起始位"和右下角的一个角块发生了交换？具体说就是"白蓝橙"角块上面的"白色位"和角块"黄绿红"上面的"红色位"彼此互换。再对照一下你的编码魔方，记住这句话：起始位的"白色"和Z发生了互换！这是公式F真正的作用。

图9.2　盲拧角公式完成效果

第09章　盲拧魔方第三步——角块复原　103

下面我们看一看具体如何操作，用一条公式复原所有的角块，我们还用前两章学习棱块时候的打乱公式：

> F' R B2 R B' R U' D L F' R2 F L2 F2 D2

按这个公式打乱魔方，我们已经用它学会了"棱块翻色"和"棱块归位"，现在又用它学习"角块复原"。而且，它还包含了复原角块过程中会遇到的所有麻烦情况：起始位已复原、第二循环、角块原地翻色。

确认打乱正确之后，按"白顶-绿前"的坐标系拿好魔方，我们的视线直接移到"起始位"上，就是编码魔方上唯一没有写字母的那个角块——白蓝橙。注意！我们要观察的起始位的角块包含3种颜色，要观察的是处在"顶面"那个面的颜色，也就是现在的"蓝色"。跟"棱块归位"的编码方式一样，我们应该看这个"色块"的编码是什么，然后去找它所对应的位置，再去看下一个编码。但一上来我们就遇到了"起始位就是白蓝橙"的尴尬情况，处理办法也跟棱块一样，直接看下一块！另外7个角块看哪个呢？理论上都可以，但通常建议去看编码"Z"，至于为什么选择它，到后面就知道了。

根据"棱块归位"的编码方式，起始位已复原的时候我们选择了去观察Z，那么"Z"是要写下来的，也就是直接开始"第二循环"，在纸上写出第一个编码——Z。然后视线移到Z的位置，应该是"黄蓝红"的"黄"，看一眼编码魔方，它应该是R，写在纸上；再看R位置，是"白绿红"的"红"，对应编码K，写上；K位置是"白蓝红"的"红"，对应编码G；G位置是"黄绿红"的"绿"，对应编码"Y"。注意！到这里是不是回到了和"Z"同一个角块？那意味着一个"循环"结束了，我们需要回顾一下还有哪些角块没有被观察到。目前的编码状况是：

$$\text{Z-R-K-G-Y}$$

这里需要大家对角块编码有个整体印象，ABC是一个角块，DFG是一个角块，依次下去是：HJK、LMN、WPQ、RST、XYZ，还有起始位。现在没有判断状态的还差ABC、LMN、WPQ这三个角块，我们需要任选一个开始下一个循环。我个人习惯是去看"M"，为什么呢？原因和一开始选择"Z"是一样的，后面会给出解释。

那么选择了M，下一个编码就要写上"M"，然后视线移到M位置看看情况。那里现在是"白绿橙"的"白"，对应编码A，写上；A位置是"黄绿橙"的"黄"，对应编码"L"，写上。L和M是同一个角块，等于这个循环也结束了，目前纸上的编码应该是：

$$\text{Z-R-K-G-Y, M-A-L}$$

直接将它们连起来：

$$\text{Z-R-K-G-Y-M-A-L}$$

但是还有一个角块没有被注意到,就是"WPQ",我们去看一眼。这个"黄蓝橙"角块竟然是原地旋转的!怎么处理呢?我们从WPQ3个编码中任意选取一个,比如选择了"Q",Q位置上现在是"黄"色块,它对应的编码是"W",也就是Q要移动到W位置去,编码记为:Q-W,我们可以把它视为一个"自循环"情况。有人可能记得"起始位"的角块也是原地翻转的,但我们不需要理会它,其他7个角块全部复原它会自动复原的,这也是为什么不赋予它任何编码的原因。

Z-R-K-G-Y-M-A-L-Q-W

全部连起来就是这次盲拧角块的编码了,感觉是不是很复杂?因为这个打乱状态是我们遇到了所有可能出现"难处理"的情况,通常不会这么麻烦的。这个编码长度是10位,一般来说7~8位是比较多见的,起始位复原、第二循环、原地翻转也不是每次都会遇到。

编码完成就要开始逐一复原角块了。还记得公式F怎么做吗?如果不太熟悉,建议现在就把它背下来,在学习盲拧方法的过程中被公式拖累是很麻烦的。具体的操作步骤用一句话说明就是:

按编码顺序,依次把角块"设置"到Z位置,做公式F然后"复位"

还有一条禁止规则:

"设置"步骤不能影响"起始位"——不能有"U、L、B"转动我们来试试看，第一个编码是"Z"，不需要进行任何"设置"动作，这就是为什么第一个循环选择Z的理由。直接做公式F，也没有"复位"步骤；下一个编码是"R"，想想如何用最短的步骤把它"设置"到Z位置上，同时要注意不能影响到"起始位"的角块，也就是"设置"步骤中不能包含与"U""L""B"有关的动作。试一试"R2 F"，是不是就可以把"R位置"的色块移动到"Z位置"了，紧跟着做一遍公式F，然后通过"F'R2"完成复位；下一个编码是K，设置步骤为R'，做公式，复位步骤为R，你会发现编码K做公式比Z还要容易，因为"设置步骤可以和公式F第一步相抵消"，同时"复位步骤可以和公式F最后一步叠加"，等你练习一段时间盲拧魔方，对每个编码都熟悉之后就可以做到连贯了。下一个编码G，设置步骤R2，做公式，复位步骤R2；编码"Y"设置RF，做公式，F'R'复位；编码M，设置步骤D，做公式复位步骤D'，这是我当初选择M的原因，因为它的"设置"步骤比较简单，而且顺手；后面几个编码操作如下：

> 编码A：FR'-公式-RF'
> 编码L：F'-公式-F
> 编码Q：D2-公式-D2
> 编码W：DF'-公式FD'

全部操作正确的话，看一眼你的魔方，角块是不是全都复原啦？如果你有强烈的复原欲望，可以再次按这个公式打乱，然后依次将"棱块翻色-棱块归位-角块复原"三个步骤实施下来，成功的话魔方就会被完全复原了，并且是使用的完整盲拧方法！唯一差的就是如何摆脱这张纸了，记忆技巧这部分后面的章节有专门介绍。

下面的图是根据我个人习惯总结的，如何快速将各个编码位置的色块设置到Z上：

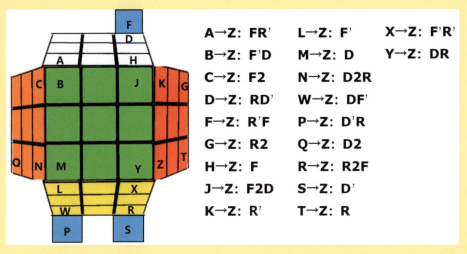

A→Z: FR'	L→Z: F'	X→Z: F'R'
B→Z: F'D	M→Z: D	Y→Z: DR
C→Z: F2	N→Z: D2R	
D→Z: RD'	W→Z: DF'	
F→Z: R'F	P→Z: D'R	
G→Z: R2	Q→Z: D2	
H→Z: F	R→Z: R2F	
J→Z: F2D	S→Z: D'	
K→Z: R'	T→Z: R	

图9.3 角编码设置表

由于有"不能影响起始位"的限制，因此所有的设置步骤都是由"R、D、F"3种转动组成的。大家可以发现，最多仅需要两步就可以设置到位，一半的编码一步到位，Z无须设置步骤，还有的编码通过抵消公式步骤能做到比Z的速度还快。以上是我个人的习惯，大家可以自行寻找更顺手的设置步骤，这些内容熟练之后角块的复原是非常快的。

还差最后一点，记得"棱块归位"的时候遇到"奇数位"的处理方式吗？角块如果编码完成后发现是"奇数"个字母，需要特别处理，方法很简单：在最后加一个"H"，如果最后的编码就是H，那就删去这个H。至于为什么这样操作，在下一章的"特殊情况处理"中会有专门讲解。

下面我再把前面章节用过的两条打乱公式列出来，并附上"角块编码"的正确答案，供大家练习：

> B R2 F L2 U2 R2 B' D2 B D2 F' U F L2 B' U'

> 角块编码：ZDMHTCY+H

> U2 R2 B2 R2 U R2 D F2 D' F2 D B L F L'

> 角块编码：ZHWFMSBZ

练习方法和前面两章一样，正确打乱之后开始编码，然后和正确答案对照，如果不一致检查哪里出错，或检查是否打乱不正确。

"角块复原"简易操作守则

1 从起始位的"顶面"色块开始观察并编码，起始位不占用编码。

2 顺序编码并记录，回到起始位的色块时，任意挑选没有观察过的色块并记录编码。

3 "第二循环"起始块要加入编码，回到这块上要再次编码。

4 起始位的角块就是它自己，任意挑选一个色块开始，此编码也要记录。

5 "原地翻转"的角块，随意指定上面某一个色块的编码，看看它需要调整到哪个编码，两个编码都需要记录。

6 编码完成后如果发现是"奇数位"，在编码末尾加个"H"，如果结尾本来就是"H"则将其删掉。

7 尝试记住编码，并开始逐一操作，熟悉各编码的"设置"的"复位"步骤。

视频：盲拧魔方角块公式

第10章 盲拧魔方第四步——特殊情况

棱块翻色、换位问题和角块的复原问题都解决了，那么还有一种特殊情况需要处理，我们称之为"奇偶检验"问题。我们在给棱块、角块编码的时候会发现，编码的长度根据打乱状态的不同每次都是不一样的。例如棱块，有时候是12位数字，有时候是9位数字，还有可能是其他，那么如果编码的长度是2个、4个、6个、8个、10个……我们就说这次编码是"偶数位"；如果长度是3个、5个、7个、9个……我们就说它是"奇数位"。同样，角块编码的长度也分为"偶数位"和"奇数位"，这就是盲拧魔方中编码的"奇偶性"。这里有一句话希望大家记住：

任何情况下，棱块和角块的奇偶性必然一致！

意思就是，如果这次打乱后棱块的编码是"偶数位"，角块必然是"偶数位"；角块是"奇数位"，则棱块必然是"奇数位"。这个定理可以用来检查你的编码是否正确，比如给棱块编码完成后确定是12位数（偶数位），角块编码是7位数（奇数位），那么必然编码出现了错误！如果蒙眼开始复原，则必然无法成功，需要重新检查一遍编码。

这个概念对盲拧魔方有什么影响呢？如果你编码遇到了"偶数位"那么恭喜你，本次打乱的魔方没有需要特殊处理的情况，可以直接完成。但是，如果你遇到的是"奇数位"就需要一些特殊的操作才能成功完成盲拧复原。比如有一次魔方打乱，你的棱块编码是：12345678，那么通过前面章节学习的方法，就会按顺序先用一个"三棱换公式"完成1和2，再用"设置-三棱换-复位"的方式完成3和4，……最终全部棱块归位完成。但如果你的编码是：1234567，当你完成5和6之后，7号棱块无法单独完成，魔方的状态就是"起始位"棱块和7号棱块单独交换，没有公式能解决这样的问题，魔方当然也就无法复原了。角块同样面临着无解的问题，假如你的角块编码是：ABCDE，虽然角块是一次复原一块，但是每次做角块的归位公式都伴随着1号和2号棱块的交换。完成两个角块后，这两个棱块会回到原位，但如果编码是"奇数位"的话，做完最后一个角块编码之后棱块的编码会乱掉，这就会影响棱块的复原，最终导致魔方无法复原。

这是怎么造成的呢？根据魔方的结构特性，不存在剩下两个棱块或角块单独交换的情况，魔方所有方块的交换必须遵守"三循环原理"，但是允许出现"两棱两角"同时交换的情况，本书用到的角块归位公式就是这样一种交换（这背后的证明需要复杂的数学知识，不是本书的重点，读者可以自行学习）。下面只说处理这种情况的解法，简单来说就一句话：

> 遇到"奇数位"编码，棱块加3角块加H，最后补一个公式

棱块编码加了3之后，完成所有的棱块归位后就必然形成"起始位"和"3号棱块"交换的局面；角块加了H之后，完成所有角块的复原就必然形成"起始位"和"H面"角块的情况。这是一个什么样的情况呢？

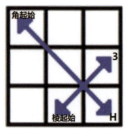

图10.1 盲拧特殊情况

大家看到图10.1是不是就知道该如何处理了，我们只需要做一个简单的PLL公式就可以复原它，这也是为什么要加3和H的原因。把最后剩下的两个棱交换、两个角交换，强行转变为图中的状态，然后加一个固定公式的操作，魔方即可复原！

所用到的公式就是复原角块那个公式F的"原版"：

$$F(R\,U'\,R'\,U')(R\,U\,R'\,F')$$
$$(R\,U\,R'\,U')(R'\,F\,R\,F')$$

当然根据图10.1的摆放，我们还要在前后加上U2，变为：

$$U2\,F(R\,U'\,R'\,U')(R\,U\,R'\,F')$$
$$(R\,U\,R'\,U')(R'\,F\,R\,F')\,U2$$
——公式G

本章介绍的"特殊情况"就是指遇到"奇数位"编码后，要"角加H棱加3，最后别忘加公式G"。

聪明的读者会发现还有一种情况，棱块本来的编码最后一位就是"3"或者角块最后一位编码原本就是"H"。首先还是要判断"奇偶性"，如果编码是"偶数位"那么本次复原就不涉及本章的问题，正常按编码顺序逐一完成即可；如果是"奇数位"并且棱块最后一位编码是3的话，那么恭喜你，可以将这个3删掉，但是最后千万不要忘记"加做公式"；同样，角块编码是"奇数位"并且最后一位是H，那么这个H也可以删掉，最后记得"加做公式G"。

视频：盲拧特殊情况公式

第 11 章 盲拧魔方实例分析

这一章我会带着大家完成一次完整的盲拧魔方复原,在你能够理解并掌握前几章的盲拧方法之后,也许需要很长时间才能完成编码,并且很难把它们记住。刚开始可以先将编码写在纸上,然后看着它一步一步完成,每完成一个公式都可以看一眼魔方确认是否完成。然后再做到不看魔方,最后做到不看编码。

之前章节教给大家的棱块、角块解法并不是按照实战的顺序讲解的，现在开始实战盲拧魔方，我们先明确一下盲拧魔方的正确流程：

观察/编码顺序：角块编码——棱块位置编码——棱块翻色（并设计复原方法）。

复原顺序：快速完成棱块翻色——依次完成棱块换位——依次完成角块换位——处理特殊情况。

我们开始吧！首先将魔方按下面的公式打乱，并对照图片检查是否正确：

D' F B L' U' F2 L' U B L2 F B2 L2 D2 L2 B L2 R'

图11.1 魔方打乱图

打乱完成后的第一件事——"白顶-绿前"拿好魔方，之后时刻都要注意坐标系的保持，养成良好的盲拧习惯。随后将视线移到角块的"起始位"上，开始"角块复原"的编码。

起始位是"黄绿红"的"绿"，对应编码为"Y"，记在纸上；视线移到Y的位置上，发现是"黄蓝红"的"黄"，编码"R"，写上；R位置是"白绿红"的"白"，记上编码"H"；H位置是"黄蓝橙"的"蓝"，编码"P"；P位置是"B"色块；B位置是"F"色块；F位置是"M"色块；M位置是起始位的角块，不用记，角块编码结束。目前的编码情况是：

$$Y\text{-}R\text{-}H\text{-}P\text{-}B\text{-}F\text{-}M$$

数一数编码的长度，一共是7位，遇到了"奇数位"情况，因此后面需要加上"H"，同时意识到下一步的"棱块归位"编码也必然是"奇数位"。角块编码的最终结果是：

$$Y\text{-}R\text{-}H\text{-}P\text{-}B\text{-}F\text{-}M\text{-}H$$

然后是"棱块归位"的编码工作，棱块起始位就是"白绿"块本身，相当于第一个"循环"直接结束，从1号位开始下一个编码。1号位不是原来的"白橙"块，因此第一个编码记上"1"，它现在是"绿红"块，对应编码"4"，写上；再观察4号位，是"白红"块，对应编码"3"，写上；3号位是"黄绿"块，编码"9"，写上；……最后到了7号位，那里是"白橙"块，回到编码"1"，也要写上，看一下目前的编码情况：

> 1-4-3-9-0-D-6-8-5-7-1

前面的角块编码是"奇数位"加了H，因此棱块也必然是"奇数位"，后面加上"3"，变成：

> 1-4-3-9-0-D-6-8-5-7-1

然后是观察需要"翻色"的棱块，不符合"颜色等级"的棱块分别是：

> 起始位的"白绿"
> 1号位的"绿红"
> 5号位的"蓝红"
> D号位的"蓝橙"

这次情况比较简单，只有4个棱块需要处理方向问题，在脑子里思考一下"起始、1、5、D"这4个棱块如何构建到我们所学的"翻棱公式"当中。这里提供两个方案，一个好分析，一个步骤短。

方案①：做一步B2把D号位的棱块"设置"到顶层，与起始位棱块构成"公式A"的情形，处理掉，然后B2复位；再通过U F把剩下两个棱块设置成"公式A"的情形，处理掉，然后做F'U'复位它们。

方案②：设置步骤为U F'，这时就将4个棱块构建成了"公式B"的情况，处理掉，然后做F U'复位，显然这个方案比较简单，但是需要一定的练习积累经验，可以迅速分析出最佳策略。

以上就是实战盲拧魔方的流程，唯一的区别就是需要把编码记在脑中而不是纸上，下一章我会介绍如何记住它们。现在，跟着我一起来按盲拧实战的步骤复原这个魔方，复原过程中你可以把魔方放到桌子下面不要去看它，而是根据编码来操作。可以一口气完成整个魔方的复原，体验盲拧成功的乐趣，如果对自己的学习成果还没有信心，可以完成一次操作把魔方拿出来确认一下是否正确，然后再做下一步。

　　复原魔方的第一步就是观察魔方的最后一步——棱块翻色，在观察阶段你已经想好了翻棱的策略，现在快速地完成它，并检查"起始、1、5、D"这4个棱块是否被正确"翻色"。紧接着就要开始"棱块归位"任务，看着你写了编码的纸，它目前应该是这样的：

> Y-R-H-P-B-F-M-H
> 1-4-3-9-0-D-6-8-5-7-1-3

　　首先要处理"1-4"两个棱块，1号位已在顶层，通过设置步骤"R"将4号位棱块移到顶层，判断一下，是个"顺时针"的三棱交换，也就是"公式D"，完成它，然后做一个R'复位；接着处理"3-9"，设置D' L2步骤将9号位棱块移到1号位，这是一个"逆时针三棱换"，做公式E，然后L2 D复位；后面操作依次是：

> 0-D：设置L2 D' R2，公式D，复位R2 D L2
> 6-8：设置L R2，公式D，复位R2 L'
> 5-7：设置L' R'，公式D，复位R L
> 1-3：公式D

如果你不放心的话，这时候看一看你的魔方，它的状态应该是起始位和3号位的棱块互换，其他10个棱块都已复原。如果不正确可以复原6面，然后按照公式重新打乱，或者继续操作角块，等全部做完再"复盘"查找问题。下面是处理角块的步骤：

> Y：设置RF，公式F，复位F'R'
> R：设置R2 F，公式F，复位F'R2
> H：F—公式—F'
> P：D'R—公式—R'D
> B：F'D—公式—D'F
> F：R'F—公式—F'R
> M：D—公式—D'
> H：F—公式—F'

如果操作无误，现在角块应该是起始位和H位的两块交换，这就是上一章提到的"特殊情况"，我们唯一需要做的就是"公式G"，特殊情况最容易出错的地方就是忘记它的存在，而最后没有加做一个公式G，希望你能有办法记住它。

如果你的魔方全部复原了，那么恭喜你，盲拧魔方的所有步骤都已经学习完成。如果还有方块没有复原，请将它按照本章的打乱公式再次打乱，从头开始再来一次。由于是同样的打乱状态，因此编码是完全一样的，只是某些操作步骤可能出现了问题，希望你能找到它并分析原因，直到能够一次性成功复原为止。

第12章 盲拧魔方的记忆方法

只要你能够按照写在纸上的编码成功复原一次，就说明你已经掌握了全部的盲拧魔方复原方法，只要能够摆脱这张纸就可以实现真正的、完整意义上的盲拧了！至于时间长短和成功率，那是通过练习逐渐提高的过程。这一章我们要讨论的就是"记忆"这一关了。

上一章提到了实战中的编码顺序，记忆是在编码的同时完成的，因此我们也按照实战顺序来讲，第一个就是角块编码记忆。通常我们会编出一串字母，长度平均在8位，我们举一个9位的例子：

> DJMPCTYLB

角块编码遇到"奇数个"需要加H，因此就变成了：

> DJMPCTYLBH

通过编码我们可以发现其中还包含一个第二循环，因为C和B是在同一个角块上面。这个问题在你编码的时候肯定就知道了，当编码完成之后就不需要再关心它是来自第二循环还是特殊情况了，只需要把它记住并蒙眼完成即可。这串字母如何记住呢？教大家一个实用的"组词造句法"。

用英文字母代表拼音的首字母，则"DJ"可以翻译成"Da Jia"即"大家"；"MP"可以变成"名片"；……以此类推，将10个字母组成5个"词语"。可以是：大家、名片、磁铁、月亮、吕布、包含。这样是不是变简单了？但还是不够，词语之间没什么关联，依然很难记住。况且之后还要进行棱块的编码记忆，蒙眼之后还要先把棱块复原，到时候可能就忘掉了。如果能组成一个句子就更好记了，哪怕是没有什么实际含义的句子。

我这里来个抛砖引玉，帮助大家开拓一下思路：

> DJMPCTYLBH
>
> 大家买泡菜，太阳老不红

怎么样，是不是感觉能瞬间就记住它们了。当然这是我即兴想出来的句子，没什么意义也肯定不是最理想的。但是在盲拧魔方的实战过程中，没有太多时间用在"组词造句"上，临时想到什么就赶紧编出来记住，否则得不偿失了。如何做到快速联想、组词造句，这就和你的语感有很大关系了，平时可以多多练习积累，锻炼联想能力。

然后就是"棱块位置"的编码记忆，通常我们会编出一串数字，长度平均在11位，我们举个12位的例子：

$$583917207D46$$

我们可以看到，这次的棱块位置遍布了整个魔方，没有一个棱块是位置本来正确的，并且通过中间的"7207"可以判断还有一个第二循环。总之编码完成之后，我们要做的就是记住它，然后在蒙眼复原的过程中应用它来完成，复原过程不需要关心是否存在第二循环。如果你没有很强的瞬间记忆能力，可以采用"默读法"。所谓默读法就是将数字编码4个一组或者5个一组，在脑子里或者嘴里默念，反复默念，不要出声。比如我们可以将这组编码写为：

$$5839\text{-}1720\text{-}7D46$$
$$或者58391\text{-}7207D\text{-}46$$

现在，开始快速、反复默读它们！嘴可以跟着念，但要不出声音。多少遍可以记住呢？默读法最大的好处就是，不需要真正记住！只要这些数字一直在你的嘴上"嘀咕"，就不用把它记在脑子里，当你蒙上眼睛开始复原棱块位置的时候，只需要从嘴里"提取"这些数字就可以了。相对于把你的复读机一样的嘴形，当成电脑缓存，临时存放棱块的编码，在需要的时候用上而已。

下一步就是"棱块翻色"了。目前你的脑子里造了个句子，嘴上默念着一串数字，似乎很难再记住其他东西了。因此，这一步我们不记东西！嘴里依然默念着那串数字，然后开始观察哪些棱块需要进行"翻色"操作，观察的时候也不要用数字编码，避免扰乱你的默读编码。我使用的小技巧是用手指按住需要翻色的棱块，这样戴上眼罩之后可以根据手形判断如何翻色。但还有更好的办法，就是先不着急戴上眼罩，在睁眼状态下就计划好如何用所学公式来完成棱块翻色，举个例子：

1356790D

这8个棱块需要翻色，当然你并没有把它们编码出来，而且观察一圈之后用手指按住了。现在开始策划如何解决他们，似乎有好几种方案，我把它们都列出来供大家参考：

① 做个z把L面转到顶面，做一个同层四棱翻公式，再z'复位，然后F'D'右手面也形成一个四棱翻。
② 做z'然后异层四棱翻，解决3567，然后FB'使L面形成四棱翻。
③ 做U'之后B面是四棱翻，然后L'D'左面四棱翻。
……

肯定还有其他解法，这里希望大家明白的是，要想提高这个步骤的水平，需要进行"翻棱"的专项练习。遇到一个打乱多花点时间思考，也许能发现特别简单的处理方法。

到这里学习就彻底结束了！只要你觉得可以完成本章内容，盲拧魔方的记忆问题就全部解决了！本书提供的这套方法最大好处就是，将大量需要记忆的内容进行"分化"，一部分转变成公式（棱翻色），一部分转变成表层记忆（棱位置），一部分转化成语言记忆（角编码），从而大幅降低对记忆力的要求。而蒙眼复原的部分对于魔方玩家来说，无非是背几个公式，学一套新的复原方法而已。

那么文中提到的"如果学过记忆法就很容易记住"是什么意思呢？本书不是专门进行记忆方法教学，感兴趣的朋友可以自行学习。我这里简单介绍一下，如果我们想记住一大串数字，我们可以先准备一张数字编码表，从01~99，一共100个两位数对应100件物品。比如"72-企鹅"利用谐音，"00-望远镜"利用象形，"09-猫"因为传说猫有9条命……然后将编码表熟悉并背下来，然后记忆数字的时候转化成一堆物品，再编一个小故事把它们按顺序串起来，就记住了。因为人的图像记忆能力远远强于文字和声音记忆，这就是记忆法的基本原理。当然角块的字母编码也可以通过编写一个"字母编码表"来完成。由于本书所提供的盲拧教程尽可能降低了记忆难度，因此记忆法的掌握对于完成魔方盲拧并不是必需的。

第13章 盲拧魔方的练习与提高

如果你已经理解并掌握了前面的全部内容，恭喜你已经学会盲拧魔方了！也许你已经完整的按照盲拧规则尝试了几次，并且成功了。下面给大家提供一些关于盲拧魔方的练习建议，希望能够帮助你提高速度、增加成功率。如果你还不能完成，可以先尝试"写下编码、逐一复原"，然后"写下编码、不看魔方复原"，直到可以"记住编码、蒙眼复原"为止，并且先不要在意用了多长时间。

先从最简单的部分说起：棱块翻色。这部分是睁眼阶段的最后一步操作，也是蒙眼后的第一个任务，与记忆方法无关，只是熟悉与积累，练习过程也相对容易。如果你感觉每次在这个步骤上花费时间太多，或者总是出错的话，那么你可能需要进行一段时间的"专项练习"，也就是打乱魔方只完成棱块翻色的复原。首先是打乱魔方后迅速找到哪几个棱块需要进行"翻色"处理，你可以固定一个观察顺序，比如"先顶层、再底层、最后中层"或者"先左边4块、再右边、后中间"；然后你可以将需要翻色的方块边找边用手指按住，这样可以避免遗漏，记住需要翻色的棱块一定是"偶数位"；最后在脑子里迅速将它们分组，用你掌握的几个翻棱公式处理完成。有没有觉得每次处理翻棱的时候做公式太多了？最常见的情况是6棱翻和8棱翻，而你习惯用最基础的两棱翻公式处理？那说明你的处理方法不够优化，也就是分组不够好。练习方法就是遇到比较复杂或难办的情况，不要着急闭眼做公式，认真思考一下有没有更好的分组方式，能够一个四棱翻加一个两棱翻公式就处理掉；或者本来可以不需要"设置"或者一步"设置"而你却用了好几步来设置。棱块翻色这一步可能的复杂情况不是很多，通过练习积累一定的处理经验，很快就可以做到无须过多思考而瞬间找到最优解法了。

然后是角块的练习，由于角块的编码很短，而且处理方式单一，因此很适合专项练习。打乱魔方后只进行角块编码和复原，根据个人经验，练习50~100次就能做到快速编码；练习100~150次就能将"设置-复位"变成条件反射，无须再思考如何设置到位；练习150~200次就能将"设置"的步骤与公式结合，做到每个字母对应一个"专门公式"。练习的时候记得养成一个习惯，遇到"奇数个"编码把H加上去并且完成。至于字母编码的组词造句，就是大量积累的过程了，包括手里没有魔方的时候看见生活中出现的英文字母也可以用来练习组词。

棱块换位依然可以通过专项练习来提高，如果你能很轻松的记住十几位数字或者学习过记忆法，那盲拧的记忆对你来说就不是障碍。如果经常记不住，那一方面是练习量还不够，另一方面可以牺牲复原时间在蒙眼之前多复习两遍。棱换位的操作也是容易出错的地方，基本上都是由"设置-复位"导致的。首先要时刻记住"设置"的时候不能有F和B的步骤，另外一个很实用的技巧就是"永远按先后顺序进行设置"，比如处理编码"73"就一定是先设置7，再设置3，这样"复位"的时候你就肯定知道先复位3，再复位7。与角块一样，养成习惯在遇到"奇数位"编码时加个"3"并把它完成。

最后还有几条关于盲拧魔方练习的通用建议：
① 速度慢、时间长、成功率低，只有提高练习量能解决。
② 很快你就发现"编码-解码"是提高的主要难点，也是通过大量练习来解决。
③ 最好用带打乱公式的APP来练习，这样才能知道哪里出错了。
④ 几个小伙伴一起学习、成长是很有帮助的，既可以交流心得，遇到问题还可以探讨解决。
⑤ 在你的盲拧水平很高之前要坚持练习，否则退步速度是非常快的。

第14章 盲拧魔方高级方法简介

当你能够完整的实现一次盲拧魔方之时（不借助纸笔记忆，复原过程完全不看魔方，并且最终成功），通常用时在20分钟左右，可能需要10分钟来编码、记忆并复习，然后用不到10分钟的时间完成操作，复原过程中可能需要花很多时间来"解码"和进行"设置-复位"。稍加练习之后，很容易达到10分钟以内完成，魔方基础好的玩家甚至刚入门就能在5分钟以内完成盲拧。这个方法的极限通常认为在1分钟左右，如果想要突破1分钟的瓶颈，仅仅练习已经无法达到了，而需要学习一些更高级的方法。

所谓"高级盲拧法"也是建立在本书提供的这套方法之上，通过学习新公式实现"缩短记忆量"和"减少操作流程"的目的。比如角块的复原，我们用一条公式反复操作的方式来"逐一"解决，每次操作复原一个角块，将来可以通过学习18条新公式来实现一次操作复原两个角块。棱块的复原我们分为了两个步骤，先"翻色"再"归位"，如果对棱块也进行"字母编码"即每个棱块的两个颜色都标注不同编码，总共24个色块用24个英文字母表示。那么记忆的时候就可以像角块一样，将某个棱块上某个颜色的变换方式记住，这样的好处就是可以完全省去"翻色"这个步骤，显然操作量和记忆量都会大幅减少，这样操作的前提是再学习8个新公式。

高级盲拧方法将所有方块都转化成了字母编码，那么记忆内容就变为一串（平均19位）随机的英文字母，操作流程减少了1/2，记忆内容虽然也缩短了，但编码和记忆的时间就会成为提升的主要障碍。最佳办法就是总结一份"编码表"，将所有英文字母的"两两组合"固定下来，例如"JD"就是"鸡蛋"，而且永远是鸡蛋。这就需要花一些时间来总结了，编码表的原则是：皆为物体、自己熟悉的、彼此不重复、有画面感的。另外，熟悉这张有几百个单词的编码表也是一项大工程，它能带来的好处就是编码之后可以瞬间转化为画面，实现快速、深刻的记忆。

再往后就是大量的练习，来减少编码记忆时间，还有人将所有编码表中的字母组合都总结成了公式，一共818条，这样连"设置-复位"的步骤都可以省去，实现操作步骤的最少化。记忆加复原十几秒的世界纪录就是这么产生的。

附录 1

ICA魔方段位认证标准与考核制度

ICA魔方段位认证是目前最流行的权威魔方水平考核体系，任何喜爱魔方运动的玩家都可以报名参与，通过考试后可获得由ICA认证的魔方段位证书。

魔方等级整体分为五大段位：A段、B段、C段、D段和E段，其中A段为最高段，E段为最低段。每个段位又包含四个细分等级，分别以数字1、2、3、4标识，因此等级表总共包含了20个等级，其中A1为最高级别，E4为最低级别。等级考核的认证指标统一为时间单位：秒。

E段及D段的考试项目仅有一个：三阶魔方；C段包含4个考试项目，分别为：三阶魔方、单手复原、二阶魔方和镜面魔方，且必须一次达到所有项目的及格线才视为通过考核；B段除包含C段全部4个项目外，另加3个项目：四阶魔方、五阶魔方和塔形魔方，同样必须一次性通过所有项目的达标线才视为通过；A段包含B段的全部项目，且新增3个项目：盲拧魔方、球形魔方和斜转魔方，考核要求与B段一致。

E段及D段根据三阶魔方成绩判定获得的段位并授予证书；C段必须通过全部四个项目，具体的细分段位由三阶魔方成绩决定；B段必须通过七个项目，最终获得的细分段位同样由三阶魔方成绩决定；A段的十个项目在四个等级分别对应不同的成绩要求，根据考生所有项目中段位最低的那个项目进行认证。

具体段位设置与考核成绩要求参考下方表格：

项目 (单位：秒)			三阶	单手	镜面	二阶	四阶	五阶	塔形	盲拧	球形	斜转
A段	大师	A1	<10	<15	<20	<6	<40	<60	<10	<45	<60	<8
		A2	<12	<20	<30	<9	<60	<90	<12	<90	<90	<10
		A3	<16	<30	<45	<12	<90	<120	<15	<120	<120	<15
		A4	<20	<45	<60	<15	<120	<180	<20	<180	<180	<20
B段	专业	B1	<25	<90	<90	<20	<180	<300	<30			
		B2	<30									
		B3	<35									
		B4	<40									
C段	高手	C1	<45	<180	<180	<40						
		C2	<50									
		C3	<60									
		C4	<70									
D段	进阶	D1	<80									
		D2	<100									
		D3	<120									
		D4	<150									
E段	入门	E1	<180									
		E2	<240									
		E3	<300									
		E4	<600									

附图1.1　ICA魔方段位等级表

魔方段位考试相关说明如下：

1. 初次参加ICA魔方段位认证必须从E段开始考核。

2. 拥有某一段位的最高等级，才可报考更高段位（例如：拥有E1段位才可报考D段）。

3. 一场考试每位考生每个段位只能报名一次，但允许连续报考几个不同段位（例如：获得E1段位后可当场报名参加D段考试，以此类推）。

4. E段、D段只有一个考试项目，每位考生两次机会，取其中最好的一次成绩作为考试最终成绩并获得相应段位，若第一次成绩达到E1或D1，则无需进行第二次复原；若两次均未达到E4或D4则视为考试失败，不获得任何段位。

5. C段和B段为多项目考核，考生必须一次性通过该段位所有项目的成绩要求（每个项目两次机会）才算考试通过，任何一个项目没有达标，均视为本次考试失败，具体获得哪一细分段位由考生的三阶成绩决定。

6. A段仅在由总部举办的"魔方大师段位考核"中申请，且考生必须已经拥有B1段位。

7. 段位等级会根据魔方技术的发展水平及其他因素进行改进，新的评级表会在网站更新并提前公布上线时间。

ICA魔方段位认证考试流程主要分为四个方面，分别是：考试报名、考试准备、参加考试和段位认证。具体规则如下。

1. 考试报名流程

① 所有考生必须进入官方网站的"考试报名"页面进行登记报名，这是参加魔方等级考试的唯一入口，在"考试列表"页面中，请考生根据时间与地点选择适合自己的场次，选择开放报名中的考试。

② 建议在参加考试前仔细阅读考试详情，牢记考试时间、地点与考试须知，有任何问题可与本场考试的主办方联系。

③ 请在报名时认真填写考生信息，特别注意"姓名"项目的正确格式与证件号码的填写，身份证/护照号将作为报名缴费、考生入场、证书查询的重要信息。

④ 在"段位选择"页面请仔细阅读说明，这将直接影响到考生是否能顺利获得理想的成绩。

⑤ 如需补报段位，请在我的"报名页面"中输入首次报名时填写的证件号码，再点击进入已报名的考试，即可选取后续段位进行报名。

⑥ 考试报名费用统一通过在线报名系统支付，任何已授权的考试中心不会向您当面索取。

2. 考试前的准备

① 首次参加考试建议熟悉考试网站介绍的考试流程并认真学习考试规则，考试过程中出现的任何状况均按"规则"中的描述进行处理。

② 请认准经过ICA总部授权的考试中心，避免被山寨机构骗取费用。

③ 以下任何情况报名费不予退回：未按时参加考试、未通过考试、主动放弃考试、因未达到考试资格而禁止参加考试（如：E段考试未达到E1级别不允许参加D段考试）。

3. 魔方考试流程

① 请考生携带好考试需要用到的魔方（也可使用考试主办方提供的）以及报名时使用的身份证/护照号码对应的证件，按照考试中心的要求准时到达考场。

② 在签到处进行检录并领取到准考证后进入休息区等候，听从工作人员下一步指示。

③ 进入考场后根据安排走到指定座位上，向监考官提交准考证并准备开始考试。

④ 考试过程中出现任何疑问需随时与监考官沟通，得到双方认可的裁定后方可继续进行考试。

⑤ 考试结束后，监考官会告知考生是否通过考核以及获得的段位，确认无误后在成绩单上签字，之后带好个人物品离开考场或在休息区等候下一段位考试。

4. 考试结束与段位认证

① 请成功通过段位考试的考生留意考试中心通知的证书领取方式，通常为现场领取或邮寄方式（根据报名时填写的地址及联系电话）。

② 拿到ICA魔方段位证书后，可在考试官网的"证书查询"页面，输入考生报名时提供的证件号码，查询此考生所有的段位认证纪录，以及查看电子证书。

③ 没有通过在线报名的考生即使通过考试，也不会获得任何段位认证。

④ 考生若需要现场补报后续段位（如：获得E1后想继续参加D段考试），请在报名页面中输入报名时填写的证件号码，再点击进入已报名的考试，即可选取后续段位进行报名。

⑤ 现场补报成功后，请携带准考证以及显示支付成功页面的手机到签到处进行登记。

附录2

盲拧魔方相关纪录

附表2.1　盲拧魔方纪录全球前100名（截止到2019年3月）

排名	成绩（秒）	姓名	国籍
1	16.55	Max Hilliard	美国
2	17.04	Jack Cai	澳大利亚
3	17.20	Jeff Park	美国
4	17.47	Jake Klassen	加拿大
5	18.10	Guido Dipietro	阿根廷
6	18.31	Gianfranco Huanqui	秘鲁
7	18.32	林恺俊	中国
8	18.80	Angelo Zhang	美国
9	18.87	Stanley Chapel	美国
10	19.09	谢逸川	中国
11	19.23	Tomoya Firman	澳大利亚
12	19.84	Antoine Cantin	加拿大
13	20.02	Ishaan Agrawal	美国
14	20.05	Daniel Lin	美国
15	20.07	Artyom Martirosov	俄罗斯
16	20.14	Neel Gore	美国
17	20.17	Arthur Garcin	法国
18	20.32	Liam Chen	美国
19	20.38	Berta García Parra	西班牙
20	20.51	Jens Haber	德国
21	20.60	Ádám Barta	匈牙利
22	20.67	Christopher Morris	英国
23	20.72	Grigorii Alekseev	俄罗斯
24	20.78	Jolo Endona	菲律宾
25	20.85	Manuel Gutman	阿根廷
26	21.05	Jakob Gunnarsson	瑞典
27	21.17	Marcin Kowalczyk	波兰
28	21.28	Sebastiano Tronto	意大利
29	21.45	Grzegorz Jałocha	波兰

续表

排名	成绩（秒）	姓名	国籍
30	21.52	Leonardo Pranadyar	印度尼西亚
31	21.89	王楷文	中国台湾
32	22.20	Deni Mintsaev	俄罗斯
33	22.26	Shivam Bansal	印度
34	22.30	Oto Aoyagi	日本
35	22.41	陆嘉宏	中国台湾
36	22.49	Oleksandr Ivanchak	乌克兰
36	22.49	Roberto Antonio Ocmin Baráybar	秘鲁
38	22.73	Josh Weimer	美国
39	23.04	Graham Siggins	美国
40	23.15	Tommy Cherry	美国
41	23.17	Krzysztof Bober	波兰
42	23.21	Ainesh Sevellaraja	马来西亚
43	23.45	Kabyanil Talukdar	印度
44	23.46	赵天愉	中国
45	23.61	Martin Vædele Egdal	丹麦
46	23.62	Vishwanath Jeyaraman	印度
47	23.80	Marcin Zalewski	波兰
47	23.80	Sukant Koul	印度
49	23.96	Fabio Schwandt	英国
50	24.16	Paul Taylor	美国
51	24.19	石欣	中国
52	24.32	Kamil Przybylski	波兰
53	24.40	Ramses Amaya	哥伦比亚
54	24.43	刘伊玮	中国
55	24.44	Adrian Dębski	波兰
56	24.49	Hari Anirudh	印度
57	24.50	Gregor Billing	德国
58	24.53	周闯	中国
59	24.57	Sreeram Venkatarao	美国

续表

排名	成绩（秒）	姓名	国籍
60	24.60	Jefferson Andres Durango Argaez	哥伦比亚
60	24.60	Jong-Ho Jeong	韩国
62	24.80	洪啟伦	中国台湾
63	24.81	单淳劼	中国
64	24.87	Riley Woo	美国
65	25.06	Timothy Goh	美国
66	25.16	Mark Boyanowski	美国
67	25.21	ปรีดา หงส์พิมลมาศ	泰国
68	25.27	Diego Meneghetti	巴西
69	25.32	Gabriel Alejandro Orozco Casillas	墨西哥
70	25.42	Tao Yu	爱尔兰
71	25.44	Alessandro Solito	意大利
72	25.49	陈裕铖	中国
73	25.59	Enoch Gray	美国
74	25.68	方胜海	中国
75	25.92	Yuki Yamamoto	日本
76	26.02	Oliver Fritz	德国
77	26.08	Ahsanul Insan Hamid	印度尼西亚
78	26.13	Marcell Endrey	匈牙利
79	26.27	Noah Arthurs	美国
80	26.34	William Tao	澳大利亚
81	26.39	Tom Nelson	新西兰
82	26.46	唐薪	中国
83	26.55	Bill Wang	加拿大
84	26.75	Abhijeet Ghodgaonkar	印度
85	26.83	Taku Yanai	日本
86	26.89	Fernando Israel Zúñiga Macedo	墨西哥
87	26.94	Daniel Anker Hermansen	丹麦
88	27.09	乔智	中国
89	27.12	Jayden McNeill	澳大利亚

续表

排名	成绩（秒）	姓名	国籍
90	27.17	Johan Hilmi Bin Nor Ashraf	马来西亚
91	27.24	王逸帆	中国
92	27.60	Timo Norrkniivilä	芬兰
93	27.65	Eric Limeback	加拿大
94	27.73	Lorenzo Mauro	意大利
95	28.42	Israel Fraga da Silva	巴西
96	28.43	Francisco Javier Lemes Sáez	智利
97	28.45	Andrew Rizo	美国
98	28.78	赵博钦	中国
99	28.93	Lim Jun Heng	新加坡
100	29.03	岳文轩	中国

附表2.2 盲拧魔方纪录中国前50名（截止到2019年3月）

排名	成绩	姓名	排名	成绩	姓名
1	18.32	林恺俊	26	33.80	徐俊
2	19.09	谢逸川	27	34.02	余乐
3	21.89	王楷文	28	34.34	陈新运
4	22.41	陆嘉宏	29	35.21	彭永强
5	23.46	赵天愉	30	36.74	王启帆
6	24.19	石欣	31	37.67	贾立平
7	24.43	刘伊玮	32	37.67	夏炎
8	24.53	周闯	33	37.81	李佳洲
9	24.80	洪啟伦	34	37.83	逄博
10	24.81	单淳劼	35	38.10	姜宏禹
11	25.49	陈裕铖	36	38.55	鲍伟娜
12	25.68	方胜海	37	38.82	浦梦安
13	26.46	唐薪	38	39.11	汤曜骏
14	27.09	乔智	39	39.31	陈志煌
15	27.24	王逸帆	40	39.64	孙立仁

续表

排名	成绩	姓名	排名	成绩	姓名
16	28.78	赵博钦	41	39.83	罗习添
17	29.03	岳文轩	42	39.83	胡扬
18	29.42	常宏彬	43	40.25	谢铭扬
19	29.96	王宇欣	44	40.48	韩佳池
20	30.42	张鸿杰	45	41.50	刘家玮
21	30.43	许宇辉	46	42.34	谭海俊
22	30.94	庄海燕	47	42.56	毛英民
23	31.06	阙剑宇	48	43.05	庄一凡
24	32.33	黄克元	49	43.40	鲁曦
25	33.56	曹晟	50	45.54	侯晓博

附表2.3　盲拧魔方世界纪录历史

纪录成绩（秒）	创造日期	姓名	国籍
17.20	2018年9月22日	Jeff Park	美国
17.33	2018年7月21日	Jeff Park	美国
17.55	2018年7月14日	Max Hilliard	美国
17.85	2018年6月9日	Jeff Park	美国
17.87	2017年11月19日	Max Hilliard	美国
18.31	2017年6月24日	Gianfranco Huanqui	秘鲁
18.50	2016年11月5日	林恺俊	中国
21.05	2015年10月2日	林恺俊	中国
21.17	2014年11月29日	Marcin Kowalczyk	波兰
23.19	2014年8月23日	Marcin Kowalczyk	波兰
23.80	2013年6月29日	Marcin Zalewski	波兰
26.36	2012年10月12日	Marcell Endrey	匈牙利
27.65	2012年4月28日	Marcell Endrey	匈牙利
28.80	2012年2月25日	Marcell Endrey	匈牙利
30.58	2011年10月3日	许宇辉	中国

续表

纪录成绩（秒）	创造日期	姓名	国籍
30.90	2010年12月11日	Gabriel Alejandro Orozco Casillas	墨西哥
30.94	2010年4月4日	庄海燕	中国
32.27	2010年2月7日	庄海燕	中国
35.91	2010年2月7日	庄海燕	中国
35.96	2009年8月16日	庄海燕	中国
45.55	2009年7月18日	庄海燕	中国
47.22	2009年5月2日	庄海燕	中国
48.05	2008年12月6日	Ville Seppänen	芬兰
54.06	2008年10月25日	Ville Seppänen	芬兰
54.22	2008年6月7日	Rafa Guzewicz	波兰
60.62	2008年3月22日	Alexander Yu	美国
70.27	2007年12月15日	陈丹阳	中国
75.60	2007年5月19日	Chris Krueger	美国
88.82	2006年3月11日	Leyan Lo	美国
106.47	2005年11月5日	Leyan Lo	美国
118.32	2005年9月17日	Tyson Mao	美国
138.58	2005年8月13日	Shotaro Makisumi	日本
161.54	2005年4月16日	Leyan Lo	美国
177.97	2005年1月15日	Shotaro Makisumi	日本
190.54	2004年10月16日	Shotaro Makisumi	日本
216.85	2004年7月10日	Shotaro Makisumi	日本
236.00	2003年8月23日	Dror Vomberg	以色列

后记

从2007年接触魔方到现在已经12个年头了，从第一次成功盲拧魔方到今天撰写这本书也过了10年有余。这期间积累了大量的魔方教学和课程研发经验，陆陆续续设计了很多针对不同年龄群体的魔方课程。伴随着国内一批又一批专业魔方玩家成长起来，我清楚地看到了魔方的复原技术、教学技术和教育市场正在飞速发展。

我虽然在魔方的各个领域都有所研究，但并不是样样精通，因此在产生撰写一部面向大众的盲拧魔方教程的想法之后，首先是通过各种渠道翻阅了大量的魔方资料和技术文档，以及和领域内的顶尖高手们进行交流。在这期间，我意识到一个制约魔方技术，尤其是盲拧魔方普及的严重问题，目前能找到的关于盲拧魔方的资料几乎全是高手之间探讨尖端技术的文档，而少有的一些面向新手的"盲拧入门教程"又是早期的魔方爱好者撰写的入门指南，其中很多内容完全可以用更易学、更实用的新技术所取代。根据个人的盲拧魔方学习经历和进行盲拧魔方培训的经验，我发现掌握这项技能所需要学习的魔方知识和对脑力的要求并不高。作为一名资深的魔方玩家，获取盲拧魔方的学习资料尚且如此困难，何况那些刚入门的魔方爱好者以及对盲拧感兴趣的人了。

完成本书之后才发现，这竟然是全世界第一本面向大众读者介绍盲拧魔方原理和学习方法的正式出版物。并且和我当初的定位一样：任何人都能看懂、可以顺利掌握盲拧魔方的技巧。在这里要特别感谢为魔方事业贡献思想的全球魔方爱好者们，尤其是为本书提供入门教程的周冠辰先生。

王富博

2019年3月15日